管理精英

都是工具控

制度 + 表格 + 方法

王晓均◎编著

中国铁道出版社有限公司
CHINA RAILWAY PUBLISHING HOUSE CO., LTD.

图书在版编目（CIP）数据

管理精英都是工具控：制度＋表格＋方法 / 王晓均
编著 .—北京：中国铁道出版社有限公司，2022.7
ISBN 978-7-113-29063-4

Ⅰ.①管…　Ⅱ.①王…　Ⅲ.①人力资源管理　Ⅳ.① F243

中国版本图书馆 CIP 数据核字 (2022) 第 064286 号

书　　名：**管理精英都是工具控（制度＋表格＋方法）**
　　　　　GUANLI JINGYING DOU SHI GONGJUKONG（ZHIDU+BIAOGE+FANGFA）

作　　者：王晓均

责任编辑：张文静　　　编辑部电话：（010）51873022　　　电子邮箱：505733396@qq.com
封面设计：宿　萌
责任校对：安海燕
责任印制：赵星辰

出版发行：中国铁道出版社有限公司（100054，北京市西城区右安门西街 8 号）
印　　刷：三河市宏盛印务有限公司
版　　次：2022 年 7 月第 1 版　2022 年 7 月第 1 次印刷
开　　本：710 mm×1 000 mm　1/16　印张：16.25　字数：208 千
书　　号：ISBN 978-7-113-29063-4
定　　价：69.80 元

前言

　　市场经济中充满着激烈与残酷的竞争,企业逐渐意识到做好管理的重要性,于是企业管理在近年来越来越受到各大企业的重视。

　　作为企业的管理者,身上肩负着企业发展和企业管理的双重任务,如果企业管理者不能转变思维,善用管理工具进行企业管理,而是墨守成规,那么将难以实现企业的良好治理。对于管理者来说,管理水平也是自身能力的重要体现。

　　因此,管理者需要不断学习,完善自己的管理方法,使用好企业常见的表格、制度以及方法等管理工具,对企业的方方面面进行规范,从而提升管理效率。不仅能够降低管理的难度和工作量,还可以让员工能够在科学正规的制度和规范下工作,使企业内部运营有条不紊。

　　管理者需要不断提升自身的管理能力,逐渐变为企业的管理精英,那么应当从哪些方面入手,进行高效企业管理呢?为了解决这个问题,我们编写了这本书。通过本书的阅读,可以帮助管理者知道如何通过具体的工具进行企业管理,从而解决企业管理中涉及的方方面面的问题,成为真正的管理精英。

本书共 11 章，可大致划分为四个部分。

- 第一部分为第 1 章，这部分主要介绍了如何善用工具对企业进行管理，分别介绍了用制度管理、表格管理和方法管理相关内容，对全书起到开篇作用。

- 第二部分为第 2 ~ 4 章，这部分主要介绍了企业管理者需要注意的三大重要管理内容，分别是行政管理、人事管理和财务管理，系统讲解了如何善用工具进行行政、人事和财务管理，帮助管理者提升管理效率。

- 第三部分为第 5 ~ 10 章，这部分主要介绍了企业的生产、发展和质量管理等方面的内容，旨在帮助企业管理者重视企业生产流程中相关要点，让企业内部运营井然有序。

- 第四部分为第 11 章，这是本书最后一部分，主要通过具体的技能技巧介绍，帮助管理者在学习之余能够获得更多的技能提升，掌握更多的管理操作与技巧。

本书从企业管理的各方面入手进行讲解，让管理者知道如何通过工具进行科学高效的管理。在讲解过程中辅以大量的表格、制度和分析，帮助读者更好地理解本书内容，提升阅读趣味。此外，书中提供了大量的表格模板（可扫描下方二维码获得），管理者只需要稍做修改即可在实际工作中使用。

由于编者能力有限，加之时间仓促，书中难免有疏漏和不足之处，希望获得读者的指正。

编　者

目录

第1章　善用工具，成为企业的管理精英

第 2 章 做好行政管理 , 企业运行井然有序

第 3 章 完善人事工作 , 提升员工满意度

第4章 加强财务管理，对财务状况心中有数

第7章 定期数据调研，把握企业发展机遇

第 9 章　提升质量意识，树立正确品质观

第 10 章　严管库存和后勤，重视存货管理和后勤工作

第1章

善用工具
成为企业的管理精英

在竞争日益激烈的职场中，要想成为一名管理精英，如果只是埋头蛮干，显然是不够的，管理者需要掌握相关管理方式和技巧，善用工具，才能获得更好的发展。

1.1 用制度规范员工的行为

所谓"不以规矩，不能成方圆"，不只能够用在人们日常生活或相关法律建设中，在企业管理中同样适用。企业如果缺乏制度的约束，那么这样的企业必然难以有效运转，运营效率低下，甚至可能面临倒闭。那么制度对于企业而言究竟起到了什么样的作用呢？

1.1.1 加强制度建设使企业管理有章可循

制度建设是企业规范化管理的前提，做好企业制度建设才能保证企业规范化运行。有的企业的个别人员权力过大，这些人员缺乏外部约束，如果出现问题，容易给企业带来难以估量的损失。

对于现代企业而言，只有建立、健全和完善各项规章制度，明确议事规则和职责范围，切实做到以制度管人、管事、管权，才能真正实现企业管理有章可循，有据可依。

◆ 建立完善制度体系

很多企业虽然各方面的管理制度都有，但是存在一定问题，如管理制度过于陈旧、制度不全面、存在漏洞或是未形成制度体系，这些状况都不利于企业管理，需要进行改进。

管理者可以通过调查、问卷以及日常积累等方式了解企业在各项管理事务中存在的制度漏洞，及时对制度进行完善。在遵循规范、统一的原则下制定更加细致和完善的各项规章制度，组织相关部门对现行所有制度进行分门别类、汇编成册，形成一套完善的制度体系。

◆ 提高制度执行力

对于企业而言，再好的制度，如果不能得到很好的贯彻执行，便是一纸空文，对推进企业的规范化管理也是无济于事。因此，加强企业制度建设还要坚决维护制度的效力，严格执行制度、加强监督检查，加大惩戒问责力度，让所有员工都能在制度的规范下工作。

企业要抓好各项规章制度的日常落实工作，从制度、流程、实施进程等方面进行检查，确保企业的各项制度落到实处。

◆ 制度要结合企业文化

对于企业而言，制度可能与其他企业相似，但是也应当有所区别，应当结合行业、企业自身的状况和企业文化进行设置，而不是盲目地参考其他企业的制度。

制度是为了约束自己企业的员工，而不是为了模仿其他企业。因此，还需要针对企业实际存在的问题、影响企业发展的不良现象等进行具体设计，这样更有针对性，否则只是表面文章。

◆ 强化员工制度意识

再好的制度都需要具体的人来实施，因此，员工的制度意识在完善企业制度建设方面就显得尤为重要。

企业管理者要想制度能够较好地执行，就需要做好制度传达，可以通过员工培训、大会宣讲等方式对企业制度进行传播。此外，还可以完善企业的奖惩制度，辅助企业制度较好执行。

案例实操 某企业制度实施的改进

某企业是一家从事外贸业务的企业，近几年在行业内得到了较大的发展。然而，抛开企业表面的风光，企业内部却存在一定的问题。该企业的制度虽然较为完善，企业员工对于制度的认同和执行情况却不理想，经常出现员工不了解企业制度或是违反企业各项制度规定的情况，使得制度没有起到相应的作用。

为了解决这些情况，企业管理者制订了相应的计划进行改进。

①定期开展培训，对企业员工进行制度内容培训，并将培训结果纳入考核，让员工理解制度。

②在企业员工大会上对重要的企业制度进行宣讲和解释，让员工了解。

③企业制度发生变化，如新制定制度、修改制度等，要第一时间进行多渠道公示。

④加强违反相关制度的惩罚力度，使制度能够切实约束员工的行为，提升企业制度规范化。

上述案例中该企业管理者针对企业的具体情况提出改进措施。只有让制度达到预期效果，能够规范员工行为，这样的制度才是有效的。

1.1.2　制度需要在实行的过程中不断完善

企业的制度不是一成不变的，更不是封闭、静止的。随着业务流程、组织架构以及市场需求不断变化，制度应当不断修订、更新和废止，从而保证其有效性和适用性，适应企业管理和发展的需要。

制度修订完善的原则与制度的编制原则是一致的，应考虑制度的可操作性、系统性、合法性和平等性。制度修订完善的思路和方法除了在制度编制中提到的几个方面外，还应该注重以下两个方面。

（1）制度的修订完善应具有时效性

企业如果没有及时修订制度，可能导致制度失去适用性，这将会严重影响制度的权威性，甚至给工作带来一定的负面影响。因此，对制度的有效性、适宜性以及充分性进行不断的评审，这是任何企业或部门都不能忽视的内容，这项工作也是一项需要花费较大精力的、有较大难度的工作。

要想较好地保证制度的时效性，企业内部的每一个组织机构都应该抽出一定的人员和花费一定精力来致力于制度建设。

（2）制度的修订完善应坚持四边原则

制度的修订完善应当坚持"边制订、边执行、边完善、边上报备案"的四边原则。在工作过程中，随时可能碰到一些不确定的管理问题，甚至一些管理漏洞，这就需要通过完善制度来规范工作。

在日常管理工作中，只要有好的想法、好的管理思想就要先遵照执行，而不是等到正式制度文件下发后才执行。同时，按"四边"的要求来开展制度修订完善工作也是较好保证制度时效性的一个有效方法。

另外，管理者还需要注意流程的修订完善，这个工作是制度建设中的一个难点。对已有的流程进行完善、创新或精简，减少一些重复工作和累赘环节，提高流程的效率与效果，也是一个企业应该时刻关注的问题。

1.1.3　制度建设的特点和制度规范

企业内部的制度多种多样，管理者需要了解制度建设的相关特点以及企业的制度应当如何规范。

（1）企业制度的特点

企业制度的特点主要包括以下三类，具体介绍见表1-1。

表 1-1　企业制度的特点

特　　点	说　　明
指导性和约束性	制度对相关人员做些什么工作、如何开展工作都有一定的提示和指导，同时也明确相关人员不得做些什么以及违背了会受到什么样的惩罚。因此，制度有指导性和约束性的特点，而且约束的力度视制度的规格而定
鞭策性和激励性	制度有时就张贴或悬挂在工作现场，随时鞭策和激励着企业员工遵守纪律、努力学习、勤奋工作
规范性和程序性	制度对实现工作程序的规范化、岗位责任的法规化和管理方法的科学化都起着重大作用。制度的制定必须以有关政策、法律、法令为依据。制度本身要有程序性，为员工的工作和活动提供可供遵循的依据

（2）企业制度的格式规范

不同企业的不同制度的格式存在差异，企业管理者需要为企业的制度格式进行规范，从而提高员工的认同度。下面分别从制度的标题、正文和落款三方面介绍企业相关制度的格式。

◆　**标题格式**

企业制度的标题应当简洁，风格统一，能够准确表明制度内容即可。制度的标题主要有两种构成形式，具体介绍如下：

①以适用对象和文种构成，如《保密制度》《档案管理制度》等。

②以单位名称、适用对象和文种构成，如《××企业资产管理制度》《××企业原料采购制度》等。

◆　**正文格式**

制度的正文有多种写法，主要可以概括为三种情况，分别是引言、条文、结语式，通篇条文式，以及多层条文式。

引言、条文、结语式。先写一段引言，主要用来阐述制定制度的根据、目的、意义和适用范围等，然后将有关规定一一分条列出，最后再写一段结语，强调执行中的注意事项。

通篇条文式。将全部内容都列入条文，包括开头部分的根据、目的、意义，主体部分的种种规定，以及结尾部分的执行要求等，逐条表达、形式整齐。

多层条文式。这种写法适用于内容复杂、篇幅较长的制度，特点是将全文分为多层序码，篇下分项、项下分条、条下分款。如用"一、二、三……"来表示大项，用"（一）、（二）、（三）……"来表示大项下的条，用"1、2、3……"来表示条下的款。

◆ **落款：制发单位和日期**

如有必要，可在制度的标题下方正中加括号注明制发单位名称和日期，而这两项内容的位置也可以在正文之后，相当于公文落款的位置。

案例实操 某企业的采购管理制度

一、目的

为加强采购计划管理，规范采购工作，保障公司生产经营活动所需物品的正常持续供应，降低采购成本，特制定本制度。

二、适用范围

本制度适用于公司对外采购与生产经营有关的经营性固定资产、材料及非经营性固定资产、办公用品以及劳保用品等（以下统称为采购物品）。

三、采购原则

1. 询价比价原则

物品采购必须有3家以上供应商提供报价，在权衡质量、价格、售后服务、资信和客户群等因素的基础上进行综合评估后，公开招标，确定入围企业，采购必须从入围企业中采购。临时性应急购买的物品除外。

……

四、采购流程

1．采购申请

物品（物资）需求部门根据生产或经营的实际需要，每月 25 日前填写采购审批单……

2．询价比价议价

（1）每一种物品（物资）原则上需两家以上的供应商进行报价。

……

五、责任追究

凡未按本制度执行相关程序或在采购过程中弄虚作假、徇私舞弊的，一经查实，按公司管理制度执行，情节严重者，移交司法机关处理。

从该企业的采购管理制度的标题来看，主要以适用对象和文种构成，比较简洁；该制度的正文结构是多层条文式，主要包括"一、""1.""（1）"三个层级；需要注意的是，该制度并没有落款。

企业管理者在制定企业相关制度时，应根据实际情况，尽量制定结构完善的制度。

拓展贴士 *制度的严肃性和灵活性*

制度应当是严肃的，应当按照规定坚决执行，保证企业的利益不受损害，避免讲情面。在制度执行过程中要保证一定灵活性，避免因为缺乏灵活性导致企业利益受损。

1.2　用表格让企业管理更高效

随着全球数字化的发展，企业也需要不断完善管理体制。表格作为现代管理的典型工具，能够简化工作，使工作清晰化、流程化，有助于提升企业管理水平和管理效率。

1.2.1　表格化管理是现代企业的典型特征

表格化管理体系是采用系统思维的创新管理方法，将企业职能与职责相对应，从而实现人人有事做，事事有人做。

此外，表格化能够使企业各部门工作流程化、制度化、规范化，消除管理中的盲区，提升管理者的管理效能。

在表格化管理实施过程中，可能会遇到一些问题，影响表格化效果，具体介绍如下：

- 员工对表格有抗拒心理，填写表格纯粹应付工作、敷衍了事。
- 表格数据填写不真实，数据存在偏差，有欺骗行为。
- 企业表格设计不合理，没有结合企业实际情况，使得表格化实行困难。

针对以上这些问题，管理者在使用表格化管理工具时，要注意方式和方法，尽量让员工接受；加强授权，让员工更多地参与到表格化管理中，使他们更了解对应岗位存在的问题和现状。

相比其他材料而言，数据更能体现成绩，表达结果。在数据化的基础上形成更高的理论体系，理论的创新和制度化建设才能不断完善。

建立表格化管理体系能够在经营管理上更加统筹化、层次化和条理化，理清工作流程，理顺管理思路，提高管理效益，善经营、谋发展。

1.2.2　看表格抓节点，一眼看出企业问题

如今许多企业为了提升管理效率，开始进行节点管理。节点管理就是对员工的工作进行细化分割，让员工清楚自己正处于一系列工作的哪个节点，目前的主要职责是什么，需要达到怎样的工作目标。

节点管理能够提升员工责任心，实现流程化、规范化和标准化管理。将表格化管理与节点管理相结合，就是将一项工作的各个关键节点记录下来，用节点来表示每一个流程，清晰明了。管理者在了解各部门工作情况时，只需要看表格，抓住节点，就能轻松发现员工工作的疏漏之处。

对于不同企业来说，工作节点的内涵是不同的，企业需要根据自身的实际情况来决定哪些是重要节点，从而确定相应的流程，切不可盲目照搬其他企业的节点来实施管理。

案例实操 企业工作节点设计

某企业是一家加工企业，近期需要进行产品研发。根据产品研发的基本流程，将研发环节分为 3 个阶段，分别是产品策划阶段、生产准备阶段以及量产阶段。要设计生产准备阶段的节点以及具体的节点任务，具体内容见表 1-2 所示。

表 1-2　企业生产准备阶段的节点和节点任务设计

节　　点	任　　务
生产设备及技术确认	在硬件方面，检验模具、设备、工位器具和部品物流等是否能满足量化生产要求；在软件方面，检验各类设计软件、技术软件、工艺软件和操作熟练度等是否能满足量化生产要求

续表

节　点	任　务
样品确认	验证零部件和整车品质是否和设计要求相符，对成品及零部件进行装配成品的活动及小批量确认
成品确认	通过数量确认，进行商品化验证，检验零部件和成品批量生产的一致性、稳定性以及是否达到正式量产水平等

该企业的管理者在实施流程化表格管理的过程中，让员工每天填写日工作报告表和生产节点时间进度表等。透过表格中汇总的各个重要节点信息，诸如工作进行到了哪个阶段、各节点完成的任务情况等，轻松发现存在的问题，并能够及时解决。

通过上述案例可以发现，企业中不同部门的各种表格都能体现出工作流程节点中的一些重要指标数值，这些数据有助于企业管理者发现存在的管理问题，并提出解决对策。

1.2.3　表格使企业管理更高效

要提升企业管理效率，就需要提升企业执行力。执行力指有效利用资源、保质保量达成目标的能力，也指贯彻战略意图、完成预定目标的操作能力。

良好的执行力是把企业战略、规划、目标转化成为效益、成果的关键。执行力包含完成任务的意愿、完成任务的能力和完成任务的程度。

对于不同的对象，执行力指代的内容不同。对个人而言，执行力就是办事能力；对团队而言，执行力就是战斗力；对企业而言，执行力就是经营能力。

一个企业只有具有良好的团队执行力，企业的运营才能更高效。对于企业管理者而言，究竟应当怎么做，才能提升企业的执行力呢？这里主要介绍 PDCA 管理循环法，这是目前很多成功企业都在使用的管理方法，也是能极大提升员工执行力的管理方法。PDCA 管理循环示意图如图 1-1 所示。

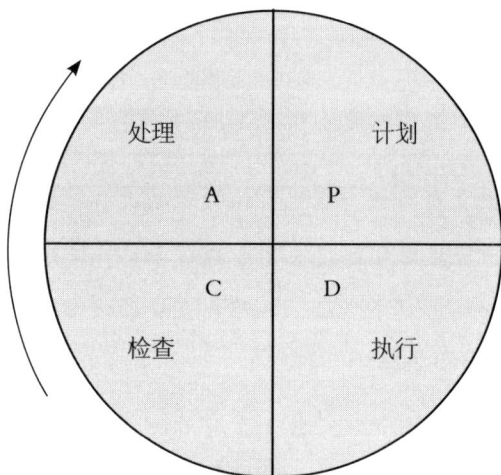

图 1-1　PDCA 管理循环示意图

　　PDCA 管理循环的含义是将质量管理分为四个阶段，即 Plan（计划）、Do（执行）、Check（检查）和 Act（处理）。在质量管理活动中，PDCA 循环就是按照这样的顺序进行质量管理，并且循环不止地进行下去的科学程序。下面进行具体介绍。

　　P（Plan）计划。包括方针和目标的确定，以及活动计划的制订。

　　D（Do）执行。根据已知的信息，设计具体的方法、方案和计划；再根据设计和布局，进行具体运作，实现计划中的内容。

　　C（Check）检查。总结执行计划的结果，分清哪些正确，哪些错误，明确效果，找出问题。

　　A（Act）处理。对总结检查的结果进行处理，对成功的经验加以肯定，并予以标准化；对于失败的教训也要总结，引起重视；对于没有解决的问题，应提交到下一个 PDCA 管理循环中去解决。

以上四个过程不是运行一次就结束，而是周而复始地进行，一个循环完了，解决一些问题，未解决的问题进入下一个循环，这样不断发现问题、解决问题，实现企业良性发展。

通过表格对这一循环进行管理，可以将各种工作进行分类处理，使工作流程更加清晰。

计划阶段。通过表格做好工作计划、明确目标和职责。主要涉及的表格有市场分析表、采购计划表和生产计划表等。

执行阶段。对执行过程进行管控，需要对执行结果进行检查。设计的表格有生产进度控制表、项目管控时间表和产品销售统计表等。

检查阶段。主要对企业计划的执行过程和情况进行检查，判断其是否符合预期效果。涉及表格有客户满意度调查表、产品合格率表以及企业利润表等。

处理阶段。根据检查阶段发现的问题，采取相应的措施进行解决，避免影响下一循环。主要涉及的表格有生产质量控制表和应收账款账龄分析表等。

1.3 掌握方法让管理工作事半功倍

管理自始至终都是一门不太容易掌握的学问，因为管事难，管人更难。对人的管理是这个世界上最复杂且最不容易的事情。要想把这个工作做好则更加困难，没有一定的方法是绝对不行的。

1.3.1 管理技巧是管理者的必修课

企业管理者只有掌握了一定的管理技巧，才能在竞争日趋激烈的管理工作中做好自己的工作，实现自己的价值。因此企业管理者掌握管理技巧是很有必要的，下面具体介绍管理工作的十大管理技巧。

定位清楚。管理人员要明确自己在企业中的定位，发挥自己的作用，合格并出色地完成自己的任务。

做时间的管理者。掌握时间管理的技能，就可以大大地提高工作效率，提高自己在企业管理工作中的竞争力。对于每一位管理人员来说，能够统筹时间是很重要的。

与上下级人员有效地沟通。沟通能力是一种非常重要的管理技巧。对于管理人员来说，沟通能力显得尤为重要。作为管理者，由于其所在的职位比较高，这种能力也就更被看重。

进行目标管理。全面理解企业的目标，根据上级给出的目标，制定出符合企业原则且一致的目标。充分考虑到在目标执行过程中可能遇到的问题和障碍，并事先寻求解决的办法。

及时激励员工。分为物质鼓励与精神激励。作为企业的管理者，要时刻记得对员工进行口头上的赞美、认可，还应及时、适时地对下属进行激励。激励一定要真诚、及时且具体。即使是批评，也要让批评的语言起到激励的效果。对不同的人还要采用不同的激励方式。

绩效考核。绩效评估是十分重要的，是评价员工业绩和企业经营成果的基础。要想将绩效考核量化，就需要事先和下级进行沟通，共同确定一个标准。制定考核程序时必须落到实处，这样才能对企业决策和工作的顺利开展提供指导性的建议。

发挥领导力。领导力就是要把自己的意愿恰当地施加到员工身上，最好是把领导者的意向与员工的利益紧密联系在一起，让他们为企业办事。

学会做一个好的教练。管理者要有耐心，要学会做一个出色的教练，充分地激发员工的积极性与创造性，确定他们行为的准则，找出关键点，制订合理有效的计划，帮助他们实现目标。

赋予下属应有的权限。在适当的情况下，管理者可以把自己的权力适当地授予下属，这样不仅能减少自身压力，促进工作的进展，还能够提升下属的信心。

注重团队的作用。作为管理者，领导的是一个团队，而一个团队不只是一些员工在一起工作这么简单。要有共同的目标，共同的价值认同与行为准则，成员之间要能和谐相处，很好地沟通，让成员有一种归属感，成员之间相辅相成，互补互助。

在管理过程中，管理者不仅要懂得怎样激发员工的斗志，在团队内部形成牢不可破的信赖与认同；还要明白胜利是属于这个集体的，没有了集体，很多成功也就无法达到，这是管理者需要注意的方面。

1.3.2　活用管理方法避免内部矛盾

对于企业而言，内部冲突是难以避免的。员工与员工、员工与企业之间都有可能出现冲突或矛盾，而企业管理者就需要做好协调工作，尽量妥善解决企业中的矛盾与冲突。

案例实操 某企业的管理故事

王某是上海某企业的管理者，最近在工作中遇到一些麻烦。原来，他所在的公司正在调整组织架构，人事部门经过认真研究后提出了一个初步方案，结果其他部门都不买账。为此，他主持召开了好几次会议，想要解决这个问题，可是每次开会时各部门都会吵个不停，会议根本就没办法进行下去。

为了尽快解决问题，他亲自找各个部门的经理谈话，希望大家能为了公司的发展各让一步。可没想到，部门经理们都向他大倒苦水，都要求公司多照顾一下自己的部门，让他根本没机会说出自己的想法。

不仅如此，部门经理们还老是主动给他打电话，就连过年时也不例外，无非就是说自己有多么不容易，为公司做出了多大贡献，请公司为他们的部门多考虑等，让他不胜其烦。

从以上这个案例可以看出，该企业目前面临一定的内部矛盾，作为管理者却不能有效地协调解决，从而影响了企业的内部和谐。

要解决冲突，首先要对冲突有所了解，下面来看冲突的特点。

- 冲突必须是双方都能感知到的。
- 冲突是一种潜在的或公开的确定性行为过程，一方努力地想要去抵销另一方的行为，因为对方的行为将妨碍其达到目标或损害其利益。
- 冲突是客观的、不可避免的。

其实，企业内部产生冲突并不一定总是坏的影响，有时也会有利于企业的发展。冲突的影响具体介绍见表1-3。

表 1-3　企业冲突对企业的影响

分　类	影　响	具体介绍
积极影响	激发积极变革	为了消除冲突，就会探寻改变现状的途径。寻求解决冲突的途径，不仅可以导致变革，而且还有可能让下属更容易接受变革
	提高决策有效性	在未获得更多方案时，以提出反对意见或是提出不同看法的方式去激发冲突，就可能会产生更多的创意，提高决策的正确性和有效性
	形成竞争气氛	引起一个或多个目标发生冲突的竞争，也有一定的积极作用。如果员工觉得在工作绩效方面存在一种竞争气氛，就可能会努力在竞争中拼搏、成长
消极影响	可能分散资源	冲突可能分散员工为实现目标而做出的努力，团队资源不是被用在既定目标的实现上，而是消耗在解决冲突上。其中时间和精力是经常被分散到消除冲突上去的两种资源
	损害员工关系	置身于冲突中时，员工会感到紧张和焦虑。随着时间的不断累积，冲突的存在可能会让对立的双方没有办法建立和维持相互支持、相互信任的关系

作为企业管理者，在面对企业内部矛盾和冲突时要冷静，掌握一定方法，从而化解存在的矛盾或冲突。

化敌为友。解决冲突的关键，就是与对方结成或是重新结成联盟。企业管理者应该就事论事，真心实意地帮助矛盾双方，避免他们在遭受攻击或者情绪紧张的情况下做出消极反应。

对话协商。要确保双方之间的交流是与议题相关的，集中关注积极的结果，并时刻记住大家的共同目标。交谈、对话和协商是一种真实、投入和富有成效的双向沟通。

要求双方表达正式想法。双方如果能把各自的问题拿到台面上公开讨论，就能够从中理清头绪，并找到一条对大家都有利的解决途径。如果双方都有所保留，那么问题是难以解决的。

了解冲突产生的根源。要以对话的方式去解决冲突，首先要了解冲突产生的根源。目标、利益和价值观的不同是导致冲突产生的常见原因。

互利互惠。在解决争端的过程中，尽量先劝说一方让步，一旦一方做出了某种程度的让步，就能以此要求另一方同样做出让步，最终就能良好地解决问题。

第2章

做好行政管理
企业运行井然有序

作为企业的管理者，行政管理工作是必须要掌握的。掌握相关工作的管理要点、管理工具和管理方法，才能切实做好行政管理，也才能使企业稳定运行，经营井然有序。

12

2.1 如何做好企业会议管理

企业为了讨论面临的重要问题，或是传达某些决定、制度等，都需要召开会议，因此，会议管理是企业管理者需要了解的。做好会议管理，才能使会议顺利进行，问题顺利解决。

2.1.1 了解企业会议管理流程

召开会议是沟通协调的一个重要手段，会议也是公开表达意见的平台，通过举行会议及参加会议，能够听取意见，获得资讯。如果不懂得会议管理技巧，会议不仅会变得毫无意义，而且会浪费大量的时间。

因此，要想真正发挥会议的作用，必须明确会议目的，做好会前准备。参加会议者要想达到参加会议的目的，也必须做好参加会议的准备。同时，会后工作也很重要。

管理者要了解企业会议的管理流程，可以从企业会议的具体流程入手分析。

通常情况下，企业的会议流程包含六个步骤，分别是提出会议申请、审核会议申请、会议准备、会议服务、会议记录以及会议跟进。具体流程如图 2-1 所示。

提出会议申请。要召开会议，首先需要进行会议申请。由会议负责人提出会议申请，填写会议申请表，明确会议主题和负责人员。

⇩

审核会议申请。提出会议申请后，由相关负责人对提交的会议申请表进行签批。

⇩

会议准备。确定会议参会人员层级和人数；安排合适的会议室；通知相关与会人员；提前半小时准备好会议所需的设备，如投影仪、音响等设备，以及座椅茶水等。

⇩

会议服务。组织参会人员签到；主持人按时开始会议；做好会议记录、会议纪要；严控会议记录。

⇩

会议记录。会议结束前对会议进行评估，生成会议记录表。

⇩

会议跟进。将会议纪要分发至各部门负责人签字；对会议决议事项进行跟踪、督促和结果汇报。

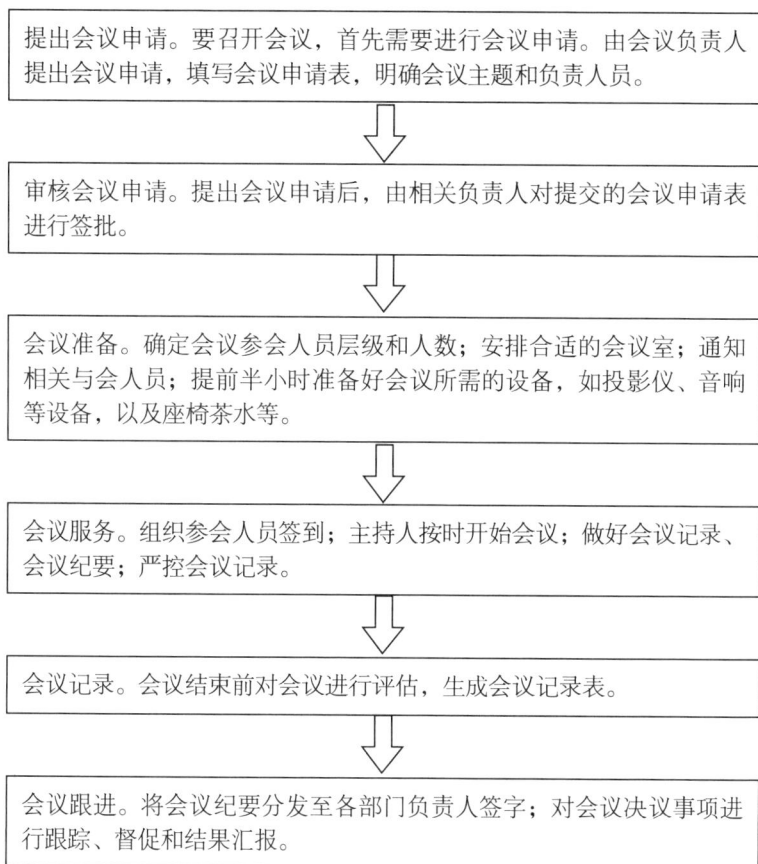

图 2-1 会议管理的具体流程

2.1.2 会议进程控制标准

会议节奏的快慢直接影响会议效果，是一个不可忽视的问题。节奏过慢，会延长会议时间，浪费人力物力；节奏过快，有可能造成会议问题商讨不充分，达不到预期效果，最终影响企业决策，无法实现会议的目的，严重的会造成重大决策失误。

因此，一定要注意控制好会议的节奏，启发引导与会人员，始终遵循会议既定的议题去进行充分讨论，这样才能达到预想的目的。会议进程控制标准见表2-1。

表2-1　会议进程控制标准

标　　准	说　　明
让与会者了解会议目的	会前做好会议流程规划，拟定会议计划表。会中表述会议目的时要有条理，逻辑严密，让与会者做到心中有数
掌控好会议节奏	发现节奏过慢，应采取措施集中与会人员的注意力，主动提问，多加启发引导，必要时也可提醒大家抓紧时间，围绕中心议题发表不同意见。如果节奏过快，就要提醒大家沉住气，时间充足，认真思考
会议时间有限制	会议时间过长，与会人员容易产生疲劳；会议时间过短，可能导致会议讨论不充分，起不到应有的效果。通常会议时间应当控制在两个小时以内为宜
控制发言的节奏	会议中的发言阶段，有的与会者喜欢发表意见和看法，占用时间较多，主持人应当适时进行暗示，例如说"你指出的问题很好，我们再听听其他人的意见"，以此打断他。此外，还可以通过限制发言时间来控制发言节奏
控制讨论的节奏	与会者仕针对某个问题展开论时，由丁各自的学识、背景、素质、经验与价值观不同，看问题的角度不同，做出的判断、提出的解决方案也不尽相同，与会者往往会各持己见，据理力争，这是讨论深入的表现。但如果意见已趋向集中，这时主持人就应适时终止争辩和讨论
有效地控制会议进程	使各项活动尽可能地依照事先预定进程推进，不要轻易变更。在有限的时间内，围绕主题展开充分讨论。如果有的讨论偏题，可以说"这是个颇有意思的意见，但这对我们的问题适用吗？"来提醒与会者离题了，从而回到正轨上继续讨论

2.1.3 会场的申请和布置原则

会场的申请是召开会议的前提之一，会场亦属召开会议的基础设施。通常情况下，申请会议室需要填写会议室使用申请表（表2-2），经过审核通过后，才能使用会议室。

表2-2 会议室使用申请表

会议室使用申请表	
申请时间： 年 月 日	
申请部门：	申请人：
申请部门负责人：	
会议时间： 月 日 时 分至 时 分	
需使用会议室地点：	
会议参加领导：	
会议内容摘要：	
审批意见：	时间：

在进行会议室使用申请时，主要说明申请人相关信息、会议时间、会议室地点以及会议内容等，通过审核后即可使用会议室。

会议场所申请被批准后，还需要提前对会议场所进行布置，让会议场所更加契合会议主题。会场布置通常是会议开始前的 3 个小时，布置风格应当与会议主题相吻合，同时需要遵循一定的原则。

切题原则。契合会议的主题是最基础的原则，布置会场时必须结合会议本身的性质，而不能随心所欲、天马行空。布置会场时要注意突出会议主题和宗旨。

正规原则。与会人员不一定会对会议布置有特殊的偏好，但是有些基本要素会是大家统一的判断标准。一般来说必须要保证会场的正规性，整体会场氛围有序整洁。

朴素原则。如果能以最经济的手段为与会者营造一个舒适的会议环境，比盲目选择一个高端、奢侈的会议场所更有用。布置会议场所时，关键要从企业或部门自身经济能力和会议实际效果出发。

实用原则。会场的布置一定要符合实用原则，需要的设施、软硬件应保证能正常使用。提前了解会议进程，准备好开会时可能会用到的各种设施、设备，对于会议功能的考虑要详尽具体。

和谐原则。细节再完善，也是为会议的整体氛围服务，因此会场布置要考虑各要素之间相互的协调效果，比如各种设施的颜色是否协调，是否符合当前会议氛围，会场物品体积大小是否协调等。

2.1.4 建立和完善企业会议管理制度

企业会议召开需要做到事前有准备、中途有组织、会后有落实，就需要建立和完善企业的会议管理制度，形成规范化的文件，让各部门员工能够依照制度执行，这样才能做到有条不紊。

案例实操 某公司会议管理制度（节选）

第一章 总则

第一条 为了进一步规范公司会议管理，充分发挥会议的沟通、协商与决策作用，提高公司决策能力和办事效率，研究落实重大事项的对策和寻求解决有关问题的方法，预防和纠正工作中存在的问题，并保证公司各项管理工作规范、高效、有序，特制定本制度。

······

第四条 本制度适用于公司及所属各部门。

第二章 会议类别及组织

第五条 公司级会议包括公司股东会、董事会、总经理办公会、公司干部管理工作会、全体职工大会。股东会和董事会由董事会秘书办公室负责组织安排，其他公司级会议由行政部负责组织安排。

股东会、董事会根据公司章程每年召开一次，特殊情况亦可临时召开，由董事长主持，董事会秘书做记录，并整理会议纪要，经董事长审批下发。

······

第三章 会议的组织、管理和服务

第十条 会议的批准。临时召开内部小范围会议由分管领导批准，公司级大型会议须经总经理批准。

······

第四章 会议资料管理

第十八条 会议主办部门要指定专人对会议详细情况进行详细记录。公司级会议由行政部整理会议纪要，报公司总经理审核签发。其他会议纪要由会议主办部门或承办部门及时整理，报分管领导审核签发。

······

第五章　会议精神的督办

第二十五条　行政部每季度对定期会议的质量、会议时间和会议效果等进行督查，并将情况汇总报公司总经理及相关分管副总，作为对各部门及干部考核的依据之一。

……

第六章　会议纪律和要求

第二十七条　各类会议的参会人员必须按通知的时间及时参加，不得迟到和早退，否则给予 100 元处罚。

……

通过上述企业的会议管理制度可以看到，该制度主要介绍了制定会议管理制度的原因、会议的类别及组织、会议的相关管理（组织、管理和服务）、会议资料管理以及会议精神督办等内容，此外，还对会议的记录和要求进行了规范。

企业管理者如果需要建立和完善企业会议管理制度，可以参考以上企业的制度结构，进行本企业会议管理制度的设计。

2.2　企业文书管理的要点

企业文书对于企业来说十分重要，里面可能包含了企业的商业机密，因此企业文书管理工作需要企业管理者引起重视，保证相关文书的收发安全，避免出现遗漏，使企业正常运转。

2.2.1　文件分发与寄发管理要点

对企业来说，文件的分发和寄发也是较容易出错的工作，企业管理者需要完善相关表格的设计和操作流程，从而做好管理工作。

（1）文件分发

文件分发就是在收到各种文件后，按照要求及时分发给各个部门或指定的人员，不得出现遗漏。管理者可以据此规定收发人员的工作目标和注意事项，具体见表2-3。

表2-3　企业文书分发要求

要　　求	具体介绍
分发及时	收发人员对于企业领导已经批办或可按常规处理的文件，必须要及时处理，急事要立刻处理
分清主次	分发同类份数较多的文件时，要先保证单位领导、主管以及主管部门的需求，然后再分发给相关部门 如果遇到特急件，可先将其送至业务主管部门，业务主管部门提出意见后再请示领导，或一边处理一边汇报
做好标记	对于应承办的文件应附"批办单"并加盖"已处理"章；对于无等级的文件，需要注明领导或部门名称，防止乱放
登记管理	分发给领导的文件必须要设置专门的文件登记簿，并注明时间、名称和编号等；分发给各部门的文件，可在部门登记簿上注明相关信息
分发登记	分发人员要将分发的文件登记到文件分发登记表上，方便日后进行复查

加强文件分发管理，管理者除了可以规范收发人员的行为，还可以设计分发表格，对文件分发工作进行规范。

表2-4为文件分发登记表，文件收发人员对文件进行分发和收取

时需要详细登记接收文件的部门、份数、签收人及签收日期等信息，保证在出现问题时有案可查，还可以有效避免出现重复发文或漏发文件的现象。

表 2-4　文件分发登记表

收件人				文件编号	
发件人				发件日期	
序号	收文部门	份数	签收人	签收日期	备注
制表人：				审核人：	

（2）文件寄发管理

文件收发人员不仅需要负责文件的收发工作，还需要负责将企业内部需要寄发的文件按时寄发。

在寄发文件之前，收发人员首先需要汇集所有的待发文件，填好文件发送登记表。除此之外，文件收发人员还需要在要求的时间内将待发文件发送出去。

另外，收发人员在文件寄发时，要根据文件的重要程度注意以下一些事项。

- 对于普通文件，在各部门和相关人员将其密封好之后，直接送交收发人员统一寄发。

- 对于机密或亲启文件，文件收发人员需要加盖"绝密""机密"或"亲启"等字样的印章后发送，并给发件部门或发件者必要的回复。

- 对于其他重要文件或快递文件，文件收发人员必须加盖带有"专递""面呈"或"快递"等字样的印章，并且要给发件者必要的回复。

同样的，寄发文件可以通过文件发送登记表（表2-5）进行登记，不仅能记录文件的发送情况，还能方便以后需要时查询。

表2-5　文件发送登记表

编号：

序号	日期	文件名称	页数	接收单位	签字	备注

制表人：　　　　　　　　　　　　　　　审核人：

2.2.2　文件归档立卷管理

文件的归档立卷指文书部门将办理完毕的、具有考查和保存价值的文件材料，按照其在形成过程中的联系和规律，组成案卷进行保存。主要可以分为普通文件归档和电子文件归档。

（1）普通文件归档立卷管理

下面具体介绍普通文件归档立卷工作的流程。

◆ **文件的整理**

归档立卷之前首先需要收集、整理相关的所有文件。文件整理工作内容主要包括分类、组卷、卷内文件的整理、案卷封面的编目、案卷的装订、案卷的排列以及案卷的编制等。

文件分类指按照来源、时间、内容和形式，将全部案卷分成若干类别。分类的方法有多种，这里不做详述。

◆ **文件归档**

文件归档指将企业文件分类保存，行政管理人员需要做好督促和监督工作。进行归档操作时需要注意以下两点。

严禁私自占有资料。企业文件不是私人的资料，而是属于企业的共有资料，行政人员应组织妥善保管，严禁私自占有。

定期销毁。对于已经保存多年的无用文档资料，行政管理人员应按规定程序组织销毁，以维持整洁的工作环境。

◆ **文件立卷**

文件立卷指按照一定的立卷原则或类目编制案卷的过程，在此过程中需要注意如下所示的内容。

编制案卷类目。案卷类目对立卷工作的完成是十分重要的，它可以保证文件的完整性，便于工作人员查找并利用文件。

确定立卷归档的范围。企业通常每年都要处理大量的文件和材料，但不能将所有的文件、材料都进行立卷。立卷时应以本单位形成的文件、材料为主。

完成立卷工作后还需要进行文件立卷调查，对案卷进行调整，使案卷更加规范，具体内容见表2-6。

表2-6 文件立卷调查内容

内 容	具体介绍
复查案卷文件，确定保管期限	根据规定的立卷原则、规范与要求对卷内文件进行复查，删除不需要归档立卷的文件，修改不规范的内容，确定文件的保管期限
对卷内文件进行排序	卷内文件的排序方法较多，可以按照时间、主题、地区以及经办人等进行排列。其他的顺序还包括正文在前、附件在后、定稿在前、讨论修改稿在后等
卷内文件编号	被列为永久保存或长期保管的案卷，都需要对其进行编号：①依次为文件的每一张编号（不是每一页），空白页不编号；②卷内的小册子要与其他文件合在一起编号；③左侧装订的在右上角编张号，右侧装订的在左上角编张号
填写卷内目录和备考表	复查调整案卷后，在装订前应及时填写卷内目录。如果几份文件的内容均是针对某一个具体问题的，也可以合起来填写。卷内目录一般可填写两份，一份附在卷首，不编张号，另一份留以备查
装订案卷	①修整文件，去掉文件上的所有金属物；②对于不装订的案卷，不装订的一侧和下边要取齐，让案卷更美观；③装订一侧的装订线外要留有一定余地，以免翻页时掉页；④一般横排横写的文件在左侧装订；竖排竖写的文件在右侧装订
填写案卷封面	行政人员应工整地填写案卷封面，填写的项目包括单位名称、案卷标题、卷内文件起止日期、卷内文件张数和保管期限等

（2）电子文件归档

电子文件的归档通常分为两个步骤，首先是对电子文件进行逻辑归档，然后每间隔一段时间进行一次物理归档。

◆ **逻辑归档**

对于具有稳定可靠的网络环境、严密的安全管理措施以及对内容重要的电子文件制作了纸质版本的部门，可以直接向档案室实施逻辑归档，其基本要求如下：

①电子文件归档操作由具体经办人完成，办理完毕的电子文件要注明标识。档案室要会同各部门设定查询归档电子文件的权限。

②网络管理人员要把归档电子文件的物理地址存放于指定的计算机服务器上，对服务器必须采取双机备份等可靠的备份措施。

③局域网内部要有可靠的安全防范措施，并及时清除重复文件。

◆ **物理归档**

物理归档指将逻辑归档的电子文件分类进行光盘制作，转换为物理形式，并制作相应的电子文件登记表。物理归档的基本要求如下：

①相关归档人员应根据归档范围，在电子文件产生时就对应归档电子文件标注一定的标记（如文件题名、形成日期和编号等）。

②对于处理完毕的电子文件应进行逻辑归档，每半年进行物理归档，进行物理归档后的电子文件仍需要保留 1 年。

③对于特殊格式的电子文件，在进行归档时还需要在存储载体上同时备份查看软件等。

2.2.3 完善企业收发文管理制度

企业收发文管理制度是企业文书管理制度的一部分，通过制度的形式将企业关于收发文的要求进行展示，能够使相关员工更好地遵守。

因此，企业管理者可以考虑将企业收发文工作进行规范处理，形成正式的制度文件。

案例实操 某企业收发文管理制度（节选）

7. 收文

7.1 收文一律使用 ×× 有限公司收文簿。

7.2 外单位来文均由总裁办指定专人收文，由总裁办统一拆封、登记，由行政总监填写文件阅办单并提出处理意见后，签收人应于接件当日即按文件的要求报送给有关部门或领导，不得积压迟误；属急件的，应在接件后即时报送。

7.3 文书处理工作。

7.3.1 文书处理包括文件的分送、传递、承办、催办、签收、保管和立卷归档等程序。

7.3.2 部门文件平时的管理，要求实行分类管理，文件夹侧面标题设置为 4 个字，添加公司徽标和英文简称。如行政管理、公司制度、公司证件、数据统计等。文件夹内设目录便于查找。

8. 发文

8.1 发文执行 ×× 股份有限公司发文流程。

公司内部发文：

拟稿人→部门主管领导（经理、总监）审核→公司主管领导（总监、副总裁）核准→编号→打印→盖章（签字）→发文→备案。

对外发文：

拟稿人→部门经理或总监、副总裁审核→总裁核准→编号→打印→盖章（签字）→发文→备案。

如上所示为某企业的《文件管理制度》中关于企业收发文管理的部分内容，该部分主要介绍了发文、收文两个部分，对收发文的要求、流程以及格式等进行了具体介绍。

企业管理者在制定收发文管理制度时,需要结合企业规模、所从事行业、企业需求以及企业收发文数量等进行综合考虑。

2.3　企业印信如何管控

企业在与外界发生法律关系的过程中,印章起着在形式上代表单位意志的作用。无论日常的交往,还是法院对纠纷的审查判断,依据盖章认定有关文件的效力确定有关权利义务的归属已经成为一个常识。因此,应当重点对企业印章进行管控。

2.3.1　印章的刻制和启用

印章往往代表企业的权力和职责,相关人员在文书上加盖印章就标志着文书生效和对文书负责。企业管理者需要知道印章应当如何刻制和正确启用。

◆ 印章的刻制

印章刻制是印章管理中十分重要的一个环节,刻章单位无论刻制哪一级单位的印章,都要审核确认上级单位批准的成立该单位的正式公文,确认无误后才能刻制。

在刻制印章前,企业或部门必须填写印章刻制申请表,开具公函,并写明印章的名称、式样和规格。上级单位批准后,到企业所在地的公安部门办理登记手续。企业必须在持有公安部门颁发的特种行业营业执照的刻章单位制作印章。

需要注意的是,在印章刻制的过程中,所有人员都要严格保密。承担印章刻制工作的单位和刻制者一律不许留样和仿制，企业也不许自行刻制企业印章。表 2-7 为印章刻制申请表。

表 2-7　印章刻制申请表

编号：　　　　　　　　　　　　　　　　　　　　日期：

申请部门		申请人		
申请日期		要求领取时间		
申请印章全称				
印章申请原因	□新建 □更名 □更新	印章申请用途		
申请印章数量	枚	印章材质要求	□木质　　□钢制　　□胶质	
印章样式				
部门主管意见		行政部意见		
总经理意见		董事长意见		

制表人：　　　　　　　　　　　　　　　　　　审核人：

◆ **印章的启用**

在确定了印章启用时间后，企业应向相关单位发出正式启用印章的通知，注明正式启用日期，并附上印模，同时报上级单位备案。

颁发机关和使用机关、单位都要将关于印章启用时间的材料和印模立卷归案，永久保存。在启用日期之前，印章是无效的，只有在启用后，印章的使用才有效。

2.3.2 印章的保管与使用

印章启用后应当由专门的人员负责保管，避免出现印章滥用、私用或丢失的情况。

◆ **印章的保管**

行政管理人员在选择印章保管人员时，应挑选责任感强、保密观念强、敢于坚持原则的人员，并与之签订印章保管委托表，以明确保管责任。表2-8为印章保管委托表。

表 2-8　印章保管委托表

日期（时间）：

印章名称			
印章保管委托人	（印模）		
委托人职务			
委托保管期限			
接受委托保管人：	保管人职务：	身份证号：	有效联系方式：

分管领导：　　　　　　　部门负责人：　　　　　　　审核人：

在实际工作中，往往还需要借助印章保管责任书进行规范。

案例实操 印章保管责任书（节选）

印章保管委托表只能委托相关人员管理公章，其中没有包含对公章管理人的约束条件及要求，所以显得不够完整。在实际工作中，印章管理人员可以结合印章保管委托书进行规范。

为了加强对印章的管理，公司授权_____负责保管 × × 有限公司印章，并负责该印章的施印工作。遵照公司印章管理规定的有关要求，特制定本责任书。

一、印章专管员应有较好的思想素质

二、印章专管员必须严格遵守以下具体规定

1. 必须认真保管好印章，确保印章不因保管不善而损坏和遗失。防止他人盗用、骗用。

……

三、印章专管员拥有的权利

1. 在施印时有权对所印文字的内容认真审阅（投标书除外），用印盖章位置要准确、恰当，印迹要端正清晰，印章的名称与用印件的落款要一致，不漏盖、不多盖。介绍信、便函和授权委托书等要有存根，要在落款和骑缝处一并加盖印章。重要文件要留存用印后的复印件。

2. 对不符合审批程序或超越审批权限的用印需要，有权要求用印人重新办理有关审批手续。

四、印章专管员承担的责任

1. 因自身管理原因遗失、损坏印章应承担行政责任和相应的经济赔偿。

……

五、本责任书一式三份，公司印章管理部门、公司印章管理权限领导和保管责任人各执一份，签字后生效。

公司（盖章）：　　　　公司印章管理执行副总经理（签字）：

印章保管部门负责人（签字）：　　　　公司总经办（签字）：

印章管理者（签字）：

上述模板展示的是印章保管责任书，其主要作用是督促相关人员妥善保管印章，以免给公司造成损失。行政管理人员在编制印章保管责任书时可以进行参考。

该责任书首先对管理人员的素质进行了规范，印章专管员应有较好的思想素质，且忠于企业。接着介绍了印章管理人员需要遵守的相关规定、操作规范和印章使用流程等。最后具体说明印章管理人员所拥有的权利和应当承担的责任。

◆ **印章的使用**

印章管理是行政管理人员需要特别重视的管理工作，要求印章使用者应当严格履行印章使用审批手续，并进行登记。印章管理人员在他人使用印章时应做好以下工作，见表2-9。

表2-9 他人使用印章时管理人员需要做好的工作

事　项	具体介绍
检查批准签字	在他人使用印章前，印章管理人员应检查是否有相关负责人批准使用印章的签字。印章的使用应由企业的相关负责人批准
审阅使用印章的内容	印章管理人员不能不看内容就盲目盖印。除了要审核内容，印章管理人员还要检查留存材料是否交全。例如，对于协议书、合同，印章管理人员应保留一份文本
印章使用登记	企业员工每次使用印章时都必须进行登记，登记项目包括使用日期、印章编号等
加盖印章	对公文、函件经过上述审查、登记以后，印章管理人员即可按要求加盖印章
整理留存文件	印章管理人员应将留存材料进行编号整理、归档，对其中具有查考价值的，要在年终整理立卷时归档保存
正式印章使用规范	印章管理人员应保证不会出现盖有印章的空白凭证，否则将承担相应的责任

2.3.3 印章的停用、存档与销毁

当印章使用了一定年限，或是因为某些原因需要停用或更新时，就需

要了解其相关操作和注意事项。

◆ 印章的停用

若企业因名称变更、撤销等原因要停止使用印章，行政管理人员应该按照上级规定和要求，认真做好印章停用后的各项工作。

①行政管理人员要发文给有业务往来的单位，通知他们企业已停止使用印章，并说明停用的原因，标明停用的印模和停用的时间。

②行政管理人员要彻底清查所有的印章，不能在企业内部长期留存已停用的印章，要将其及时送交颁发单位处理。

③当旧印章停用或作废并启用新印章时，行政管理部门要发布"旧章作废、启用新章"的通知。分别展示出作废的旧印章和启用的新印章。

拓展贴士 *印章停用后的注意事项*

按规定，旧印章被停用后，便已失去原有的法人标志，不能作为现行企业职权和活动的凭证。当必须使用原企业名称时，也须使用新印章，不能使用旧印章。但相关人员可以到公证处进行公证，公证"××单位"就是"原××单位"。这样做既遵守了印章使用制度，又可顺利开展工作。

◆ 旧印章的存档和销毁

旧印章停用后，行政管理人员应清查全部印章，并把清查结果报告企业领导，请领导审定旧印章的处理办法。

然后根据领导的批示，行政管理人员应将旧印章上缴颁发机构切角封存，或由印章作废单位填制作废印章卡片，连同作废印章一起交给当地档案馆（室）立卷备查，并将作废印章销毁。

2.4 相关表单模板

▲活动室使用申请表

▲会议签到表

▲印信制发申请表

▲销毁印信申请表

证照使用申请表

编号：				日期：	
申请单位		申请部门		申请人	
证照名称				申请时间	
证照类别	□原件借阅	□复印件	□电子档	份数	
用途					
使用时间			归还时间		
部门负责人			单位负责人		
证照保管部门登记	□已使用　□未使用		其他说明：		

经办人：　　　　　　　　　　　　　　　　　部门负责人：

▲证照使用申请表

车辆使用登记表

编号：		车牌号：		月份：		
日期	用车时间	还车时间	行驶里程数	维修费	加油费	使用人

制表人：　　　　　　　　　　　　　　　　　审核人：

▲车辆使用登记表

归档电子文件管理登记表

序号	操作日期	操作人	设备检验	载体检验	兼容性检验	读取检验	转存

填表：　　　　填表日期：　　　　审核：　　　　审核日期：

▲归档电子文件管理登记表

会议成果评估表

编号：   日期：

会议成果评估内容	评估结果
1.会议是否如期开展？存在什么问题？	
2.会议的目的是什么？议题是否周全？	
3.会场布置及设备是否符合要求？	
4.会议必要的资料是否齐全？	
5.会议是否按计划进行？过程中存在什么问题？	
6.是否按预定时间进行？会议气氛是否热烈？	
7.是否有许多生动且有建设性的发言？发言是否积极？	
8.与会人员是否有所抱怨？	

记载事项：

制表人：   审核人：

▲会议成果评估表

归档电子文件迁移登记表

源系统设备情况	硬件系统：		
	系统软件：		
	应用软件：		
	存储载体：		
目标系统设备情况	硬件系统：		
	系统软件：		
	应用软件：		
	存储载体：		
被迁移归档电子文件情况	记录数：		字节数：
	迁移时间：		操作者：

填表人：   填表日期：   审核人：   审核日期：

▲归档电子文件迁移登记表

印章使用登记表

编号：   日期：

印章名称	使用日期	使用部门	份数	印章用途	使用人	审核人	备注

制表人：   审核人：

▲印章使用登记表

第3章

完善人事工作 提升员工满意度

企业能够正常运转依靠的是企业各个岗位员工的不断努力，各司其职。因此，要想企业能够快速发展，完善企业的人事管理工作是十分必要的。只有做好人事管理，提升员工满意度，才能使企业更好地发展。

3.1 人力资源的招聘与培训

　　招聘与培训是企业人力资源工作中较为重要的部分，通过人员招聘与培训，不仅可以向企业内部输送人才，输入新鲜血液，还可以通过培训提升员工的能力，使员工的素质和技能得到提高。

3.1.1 做好招聘与培训成本预算

　　招聘和培训都会产生一定的开支，因此企业管理者一定要完善相关制度，做好招聘与培训的成本预算管理工作。下面分别对招聘和培训的成本预算进行介绍。

（1）人员招聘成本预算

　　人员招聘如果不进行合理预算，那么招聘费用是难以控制的。招聘成本主要包括三个部分，下面进行具体介绍。

- **获得成本**：包括招聘成本、选拔成本、录用和安置成本等。
- **开发成本**：包括专业定向、在职培训成本和脱产培训成本等。
- **使用成本**：包括维持成本、奖励成本和调剂成本等。

　　企业可以根据需要制订本企业的人员招聘成本核算办法，包括核算单位、核算形式和计算方法等。在核算招聘和配置人力成本时，一般要注意以下问题。

- 人员招募与人员选拔的成本应按实际录用人数进行分摊，而不是按照应聘人数进行分摊。比如，某企业为招聘 10 名营销人员进行招募和选拔活动，共有 100 名应征求职者，在招募和选拔过程中支出的广告、接待、面试以及测试等各种费用共 20 000 元。核算时应按 10 人计算，招募一名合格的专业技术人员成本为 2 000 元；而不应按 100 人计算，折合为每人 200 元，因为招聘成本的付出是为招募 10 人而非 100 人。

- 在某些直接成本项目中也会包括间接成本。比如，在录用安置项目中，不仅包括为员工上岗所直接付出的经费，而且还包括有关的行政费用以及管理人员为员工上岗提供必需的物质条件而付出的时间等。在核算时，这些间接成本需折算清楚。对在人力资源管理活动中参与具体工作的管理人员的时间成本，应按其涉及具体工作的时间，按照工资标准进行折算。

- 某些管理成本项目之间有部分存在相互交叉的情况。比如，职业生涯管理成本（包括人力规划预算）与教育培训（训练和学习）成本会有部分交叉的可能性，特别是需要进行多次研讨和检验的项目。因此，在具体核算时，要注意鉴别。

此外，建立招聘成本管理制度可以合理划分招聘费用，提高招聘效率，让招聘的各个环节更加流畅。

要建立招聘成本管理制度，最重要的就是明确招聘费用的核算和安排方法，还要确定制度的适用范围，以及违反制度要受到的惩罚。

案例实操 企业招聘成本管理规定（节选）

某企业为了规范企业的招聘费用，在原有的制度基础上制定了《人力资源招聘成本管理规定》，如图 3-1 所示。

人力资源招聘成本管理规定

第一章 总则

第一条 目的

为有效控制人力资源成本，合理划分招聘费用，提高招聘效率，保证招聘效果，结合事业部制公司化运作管理机制，特制定本规定。

第二条 适用范围

××集团所有公司。

第二章 操作流程

第三条 招聘费用项目

会场费、广告费、网络费、用车费等费用。

第四条 信息发布

人力资源科根据各单位的招聘申请，统一对外发布招聘信息，并组织各单位进行招聘。

第五条 借款

人力资源部依据招聘计划和费用预算，统一到财务管理部申请借款。

第六条 费用登记

1. 每次赴人才市场进行招聘时，各单位招聘负责人都在《招聘费用登记表》上签名，以此作为划分招聘成本的确认依据；

2. 《招聘费用登记表》上应注明招聘负责人和实际招聘费用，参加招聘的人员可对其进行监督。

第七条 分摊方法

招聘费用依据参加招聘会的人数由各单位分摊，但由事业部

组织并以事业部名义发布的招聘广告、网络招聘及由此发生的广告费、网络费、用车费由事业部本部承担，在招聘过程中发生的其他费用（如住宿费、业务招待费等）由各单位承担。

各单位费用支出＝（招聘费用总额÷参加总人数）×各单位参加人数

第八条 分摊单位划分

招聘单位按事业部本部（包括经营管理部、财务管理部、品质管理部、审计监察科）、营销部、技术开发部、本部工厂、电子科技公司、MDV公司、出口公司、模具公司八个单位实体进行划分。

第九条 划账流程

1. 人力资源部依据《招聘费用登记表》编制《招聘费用分划报表》；

2. 《招聘费用分划报表》由招聘主管编制，并报财务管理部审核；

3. 《招聘费用分划报表》于每月30日前报财务管理部；

4. 财务管理部依据《招聘费用登记表》和《招聘费用分划报表》对招聘成本进行划账。

第十条 划账方式

划账采用每月一划的方式进行。

第三章 附则

第十一条 注意事项

1. 人力资源部依据各单位报名参加的人数安排招聘摊位，如事先报名，而后来又未参加，人力资源科将依据报名的人数进行

图 3-1 人力资源招聘成本管理规定

如上所示为某公司的人力资源招聘成本管理规定的部分内容，其中对人力资源招聘成本的统计、管理和分摊进行了具体介绍。

在介绍分摊方法时，介绍了计算公式"各单位费用支出＝（招聘费用总额÷参加总人数）×各单位参加人数"，这只是根据该公司具体情况制定的，供参考。

（2）人员培训成本预算

企业的人员培训同样会产生一定的费用，企业管理者在规划预算时应当考虑如下问题。

• 各项培训课题能够获得多少收益？

• 这项培训是不是必要的？

• 可选择的方案有哪些？

- 没有比当前更加经济、高效的方案？

- 从实际考虑培训需要花费的资金，以及培训人员费用是多少？

- 培训涉及的差旅费、场地费、电话费和调查费等费用有多少？

- 以前培训记录的人均天数和费用各是多少？

在对以上问题进行考量后，就可以开始进行培训费用预算，主要有以下内容。

确定培训需求。首先要确定参加培训的人数、培训课题以及主要内容，这些因素会直接影响培训预算，人数越多，则相应的花销就越大。

确认培训方式。是在企业内部组织培训还是外派培训或者外请培训师进行培训，这些都对预算金额有直接影响。内部培训的花销相对较小，外派和外聘培训可能会花费较多的人力和财力。

选择和开发培训资源。培训过程中的项目花费和物品供应商等都需要进行考量，尽量不要经常更换供应商，这样会增加成本，还会花费更多时间寻找新的供应商。

参考从前的培训费用预算。如果对培训费用各个项目不是十分了解，还可以参考以往的培训预算，从而了解到具体需要考量哪些因素。

拓展贴士 *外包培训的费用预算*

如果在制订培训计划时已经确定了需要外包出去进行培训，即由外部培训机构负责整体的培训工作，那么在进行培训费用预算时就需要多进行询问、比价，例如向多个培训机构进行询问，多方听取报价，进行比较，并且还需要对其培训质量进行事先考察，最终再确定符合要求的培训机构和培训方案。

3.1.2 制订完善的招聘计划

制订招聘计划是人员招聘流程的第一步，也是十分重要的一步，做好招聘计划，能够让招聘工作事半功倍。制作招聘计划需要人岗匹配，根据实际需求进行招聘，不浪费人事资源。

◆ **招聘计划的内容**

在制订招聘计划时，首先应当了解招聘计划的内容，不能过于冗长，言之无物。

①具体的人员需求清单，包括招聘的职务名称、人数和任职资格要求等内容。

②招聘信息发布的时间和渠道。

③招聘小组人选，包括小组人员姓名、职务和各自的职责。

④应聘者的考核方案，包括考核的场所、大体时间以及题目设计者的姓名等。

⑤招聘的截止日期。

⑥新员工的上岗时间。

⑦费用招聘预算，包括资料费、广告费和人才交流会费用等。

⑧招聘工作时间表应尽可能详细，以便于他人配合。

⑨招聘广告样稿等。

◆ **招聘计划的编写步骤**

在编写招聘计划时并不是随意编写，而是应当遵循一定的步骤，才能确保需要编写的内容不会遗漏，防止对招聘工作造成影响。招聘计划的编写步骤如图3-2所示。

获取人员需求信息。人员需求一般发生在 3 种情况下：①人力资源计划中明确规定的人员需求信息；②企业在职人员离职产生的空缺；③部门经理递交的招聘申请，并经相关领导批准。

选择招聘信息的发布时间和发布渠道，初步确定招聘小组。

初步确定考核方案，明确招聘预算，编写招聘工作时间。

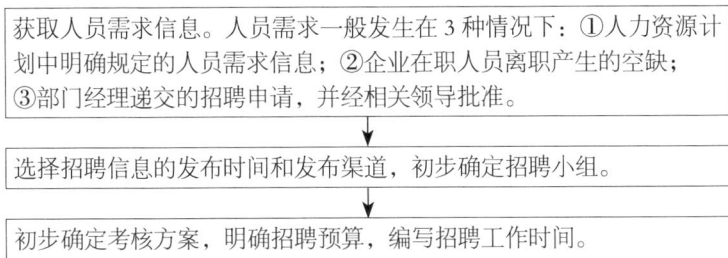

图 3-2　招聘计划编写步骤

◆ **确定招聘流程的步骤**

招聘流程关系着招聘计划能否顺利完成，也是招聘工作中非常重要的部分。下面具体介绍确定招聘流程的步骤。

①分析企业现行组织结构、职务设置、职务权限和未来业务的开展。

②分析企业现行各项行政、人事管理制度和规定，以及工作流程。

③总结现有招聘程序，明确初试、复试决策人和录用决策人。

④分析各岗位不同的任职资格，将上述内容归纳、整理，起草招聘流程初稿，将初稿与相关人员进行讨论，征求他们的建议和意见。

⑤将这些建议和意见进行整理，确定招聘流程试行稿，公布招聘流程试行稿。

⑥在招聘活动中，实际使用招聘流程试行稿，根据实际情况进行修改。试行期结束后，正式确定企业招聘流程。

3.1.3　制订有针对性的培训计划

由于公司各员工所处等级或状况不同，因此可以将培训分为公司全体员工培训和部门内部培训；根据培训内容的不同，可以将培训分为内部讲师培训、外部培训师内部培训以及外部培训班培训等。不同的培训范围和内容，采取的培训方式也不同。

下面具体介绍培训计划的制订步骤，如图 3-3 所示。

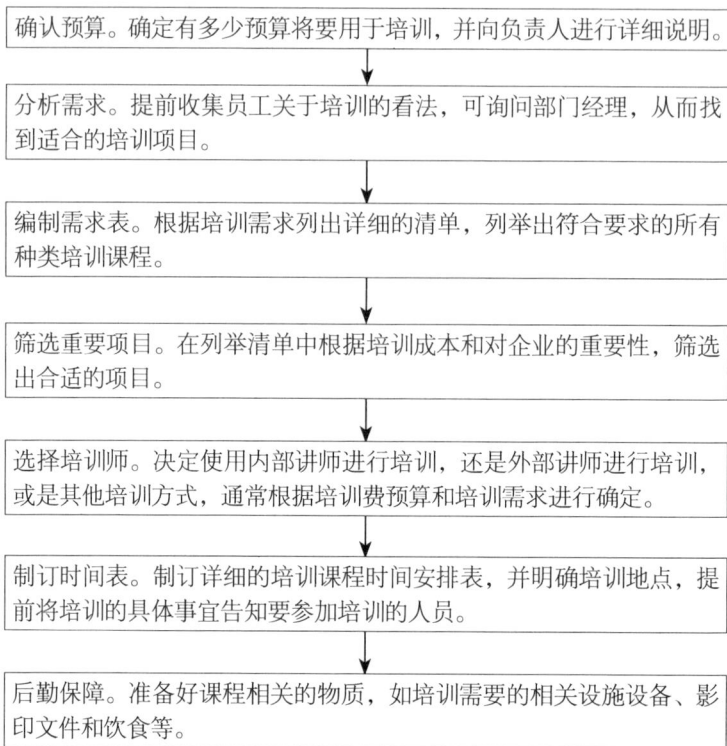

确认预算。确定有多少预算将要用于培训，并向负责人进行详细说明。

分析需求。提前收集员工关于培训的看法，可询问部门经理，从而找到适合的培训项目。

编制需求表。根据培训需求列出详细的清单，列举出符合要求的所有种类培训课程。

筛选重要项目。在列举清单中根据培训成本和对企业的重要性，筛选出合适的项目。

选择培训师。决定使用内部讲师进行培训，还是外部讲师进行培训，或是其他培训方式，通常根据培训费预算和培训需求进行确定。

制订时间表。制订详细的培训课程时间安排表，并明确培训地点，提前将培训的具体事宜告知要参加培训的人员。

后勤保障。准备好课程相关的物质，如培训需要的相关设施设备、影印文件和饮食等。

图 3-3　培训计划的制订步骤

3.1.4　做好培训的评估与反馈

培训对于企业的发展来说，有着重要的作用，无论是技能提升还是加强团队合作，因此做好企业培训显得尤为重要。但是有的培训过程看似风风火火，结束后却未给企业带来任何实质的提升和改变。

针对以上问题，就需要企业做好培训的评估与反馈工作，总体而言可以从反应、学习、工作行为和结果四个方面进行考评，下面将作具体介绍，见表 3-1。

表 3-1　培训与反馈的考评内容

方　　面	具体介绍
反应评估	反应评估主要是看参加培训的员工对培训的主观看法，主要是对培训内容、方式、形式以及培训的各项设施的看法。相比较而言，反应评估法应当是最基础的评估方法。常用的方法有访谈法和问卷调查法，调查者可以在培训过程中或是培训结束后与参加培训的员工进行一对一或是一对多的交流，从而获取信息，还可以通过调查问卷的形式进行调查
学习评估	学习评估的目的主要是了解参加培训的员工究竟学到了什么；通过培训，员工的知识、技能、态度等方面是否有所提高或有所改变。对于知识的掌握情况可以采用笔试的方法进行考核，而技能的考评可以通过员工在实际工作中的各方面情况的改变进行考察
工作行为评估	工作行为的考评就是考察参加培训前后员工行为的改变与提升，比如是否能够将培训中学习到的技能运用到实际工作中。这也是评价一次培训效果的重要指标，也是企业领导比较关注的，主要可以通过对员工工作进行考评的方法来判断，可以采用面谈法、直接观察法、绩效监测法以及行为量表等进行考察
结果评估	员工培训的成果往往直接反映在工作绩效上，如工作效率提高、产品产量提高和销售数量增加等，同时结果指标还会包含间接的评价，所以是企业领导最为关心的评估内容。结果评估一般包含两个方面，分别是硬性指标和软性指标，硬性指标就是前面提到的业绩，而软性指标则是指员工士气、工作状态、工作主动性以及满意度等。所以，结果的评估可以通过不同的方法和维度进行，不是任何一类培训其结果都必须使工作效率提高，也不是短期内若无效率改变，就说培训是无用的

　　对于四种考评面，可以制订不同的考评方案和方式，综合多方面的考评结果，才能得出较为可信的评估报告。表 3-2 为培训评估反馈表模板。

表 3-2　培训评估反馈表

时间：

培训主题		培训时间	
培训老师		评估人	

第一部分：关于培训老师	优秀	良好	一般	差
1. 专业知识				
2. 能清楚表达培训思想、观念和内容				
3. 调节课堂气氛，吸引学员注意				
4. 理论与实践结合，案例分析				
5. 对你工作的帮助				

第二部分：培训内容（请从选项中选一个答案）

6. 课程内容的难易程度（　　）

A 非常难，难以理解　　　　　　　B 有点难，但稍加努力可以理解

C 难度适中，完全可以理解　　　　D 太容易，这些内容已经掌握

7. 课程的针对性（　　）

A 课程解决了工作中这方面的全部问题

B 课程基本解决了工作中这方面的问题

C 课程只包含了少部分工作中这方面的问题

D 课程与现在的工作没有联系

8. 课程时间（　　）

A 太长　　B 稍长　　C 适中　　D 稍短　　E 太短

第三部分：培训反馈（请根据培训内容填写，如本页不够填写，可另附纸）

9. 你认为此次培训中最有用的内容是什么

10. 此次培训中你认为和你工作联系最紧密的内容是什么？培训对你的启迪是什么

11. 此次培训你还有什么知识未能深入了解，并希望以后的培训能够涉及

12. 你对此次培训有何意见或建议

3.2　绩效考核与薪酬管理

绩效考核和薪酬管理在一定程度上都能够对员工起到激励的作用，只是激励的方式不同。绩效考核采用科学的考核方式进行考核，并将结果反馈给员工；薪酬激励指通过提高薪酬来调动员工积极性，促进企业发展。

3.2.1　绩效管理实施的模式和原则

绩效管理是目前大多数企业都在开展的一项管理工作，主要为了提升员工工作积极性，从而为企业创造更多收益。在了解如何进行绩效管理前，首先需要知道绩效管理的实施原则以及常见的绩效管理模式有哪些。

（1）绩效管理的实施原则

在实施绩效管理时要遵循一定的原则，不能盲目地开展绩效管理工作，否则容易适得其反。

清晰的目标。绩效考核是为了让员工能够实现企业的目标和要求，所以目标一定要清晰，并且由目标引导行为。

量化的管理标准。在制定绩效考核标准时，要遵循公平、客观、可量化的原则。很多企业的绩效考核不能按照要求推行到位，最终沦为走过场，都是因为标准不够清晰，要求没有量化。

良好的职业化心态。绩效考核的推行要求企业必须具备相应的文化底蕴，且员工要具备职业化素质。事实上，优秀的员工往往并不惧怕考核，甚至喜欢考核。

与利益、晋升挂钩。与薪酬不挂钩的绩效考核没有实际意义，对员工起不到激励作用。考核必须与利益、薪酬挂钩，才能够引起企业由上至下的重视和认真对待。

具有掌控性、可实现性。绩效考核是企业进行员工管理的一种方式，企业通过指定目标来表达要求。因此，其过程必须为企业所掌控。

除了前面介绍的原则外，要想绩效管理真正起作用，还应遵循以下的"三重一轻"原则。

重积累。绩效考核应当考察平常工作中的点点滴滴。

重成果。成果能够直观地展现员工的工作情况，能够看到进步，员工才能够拥有做得更好的动力。

重实效。绩效管理的考核工作要及时进行，不能出现长时间未考核而造成考核内容遗忘情况，影响员工考核结果。

轻便快捷。如果绩效考核方式过于复杂，则需要专业人士才能获得较好的评估效果。对于中小企业而言，应通过轻量的方式，为管理者积累考核素材。

（2）绩效管理的几种典型模式

前面介绍了绩效考核的实施原则，表3-3对常见的绩效管理模式进行介绍。

表 3-3　常见的绩效管理模式

模　　式	具体介绍
德能勤绩	业绩方面考核指标在"德""能""勤"方面比较少，考核指标的核心要素并不齐备，没有评价标准，更谈不上设定绩效目标。考核内容更像是对工作要求的说明，这些内容一般来源于公司倡导的价值观、规章制度和岗位职责等
检查评比	按工作流程和职责列出工作要求标准，且考核项目众多，但单个项目所占比重较小。这种多为扣分项，稍有加分项，绝大多数考核指标的信息来自抽查检查。"检查评比"式考核一般是定期或不定期的检查考核，员工会感受到压力

模　　式	具体介绍
共同参与	"共同参与"式绩效管理对提高工作质量和团队精神的养成是有积极作用的，可以维系组织稳定的协作关系，约束个人的不良行为，督促个人完成各自任务，以便团队整体工作的完成
自我管理	在一定程度上调动人的积极性，因此，其激励能力较强。通过制定激励性的目标，让员工自己为目标的达成负责；上级赋予下属足够的权利，一般很少干预下属的工作；很少进行过程控制考核，大都注重最终结果；崇尚"能者多劳"的思想，充分重视对人的激励作用，绩效考核结果除了与薪酬挂钩外，还决定着员工升迁或降职

3.2.2　建立完善的绩效管理

绩效管理是许多企业都在开展的方式，如果效果并不明显，则说明企业绩效管理存在一定的问题。例如实施效果不好、员工不重视等，此时就需要管理者加强重视，完善企业绩效管理。

首先来看建立有效合理的绩效管理的方法，见表3-4。

表3-4　建立有效合理的绩效管理方法

方　　法	具体介绍
了解企业	作为管理者，首先要了解本企业的性质、各岗位工作流程以及各部门人员结构。做好前期的调研准备工作，使绩效目标清晰明朗
绩效考核融入企业文化	绩效考核避免停留在口号阶段，营造绩效导向文化氛围，从潜意识中加强企业上下层对绩效考核的重视，上层更要起到带头表率作用
管理方法可持续	设定目标、检查结果和采取措施的各个环节，应细节化、流程化，形成绩效管理的闭环，使绩效考核成为可持续的工具
考核客观公正	应当根据明确规定的考评标准，公开客观地考核，保证绩效考核的公平合理，避免注入个人情绪

方　　法	具体介绍
建立沟通反馈机制	增加绩效沟通反馈的机会，关注绩效水平不足的组织和个人，同时帮助他们制订详细的绩效改善计划
绩效体系要健全	制定好绩效管理办法以后，还要明确年度、季度的目标，并分解为企业级目标、部门级目标
定期复盘更新	绩效考核方法每执行一段时间后，定期进行阶段性的复盘，查漏补缺，发现不足，以便不断更新完善

绩效考核管理除了需要建立相应的考核体系，还需要将其在绩效管理制度中进行规范，让员工更加重视。

案例实操 绩效管理制度中的绩效考核体系（节选）

某企业由于绩效管理实施不够理想，于是建立了完善的绩效管理制度，在制度中对绩效考核体系进行了规范。

第三部分　绩效考核体系

九、考核周期

（一）月度考核：公司除总裁、副总裁外的所有部门、所有人员的考核必须按月度进行，原则上奖惩也是按月执行。

（二）年度考核：年度考核是年终对所有人员进行当年工作业绩的考核。

十、考核类别

（一）常规考核：按固定周期实施，以工作业绩达成为目标的考核。

……

十一、考核对象

（一）公司实行全员考核，考核周期当月入职的正式编制员工均须参加考核。

（二）调岗与借调人员：以考核周期为单位，由任职时间较长的部门考核；如果任职时间相等，由原部门对其进行考核。

十二、考核流程

（一）确立绩效目标：考核期开始前，直接上级要与被考核人共同确定业绩目标，并订立书面约定（绩效责任书或绩效考核表），作为考核的依据；若考核期间绩效目标发生变更，须在绩效考评前重新订立约定。

……

通过上述实例可以看到，该企业的绩效管理制度中对绩效考核体系进行了具体规范，包括考核周期、考核类别、考核对象和考核流程，有助于绩效管理工作的实施。

3.2.3　做好薪酬满意度调查

薪酬满意度调查指企业采用科学的方法，通过各种途径，采集企业各类岗位工作人员的工资、福利以及支付状况等信息。该调查可以帮助管理人员及时了解企业员工的薪资状况。

薪酬满意度也可以在一定程度上展示员工对企业的看法，薪酬满意度高表示员工对企业当期的薪资状况感到满意；而薪酬满意度低，表示员工不满意企业当前的薪资标准，长此以往，可能会出现员工大面积离职的现象。

员工满意度调查方式多种多样，通过不同的分类，又会有不同调查方法。

调查方式的正式性。按照调查方式是否正式，可以分为正式调查和非正式调查。正式调查主要是通过正式的方法进行调查，非正式调查则是通过私下询问或交流的方式了解。

调查的目的。企业进行薪酬满意度调查，其目的是不同的，有的薪酬满意度调查是为了了解企业薪资结构是否存在不足的地方，方便进行改进；有的是为了了解员工对企业薪酬的满意度以及存在的问题。

下面具体来看某企业的薪酬满意度调查问卷，如图 3-4 所示。

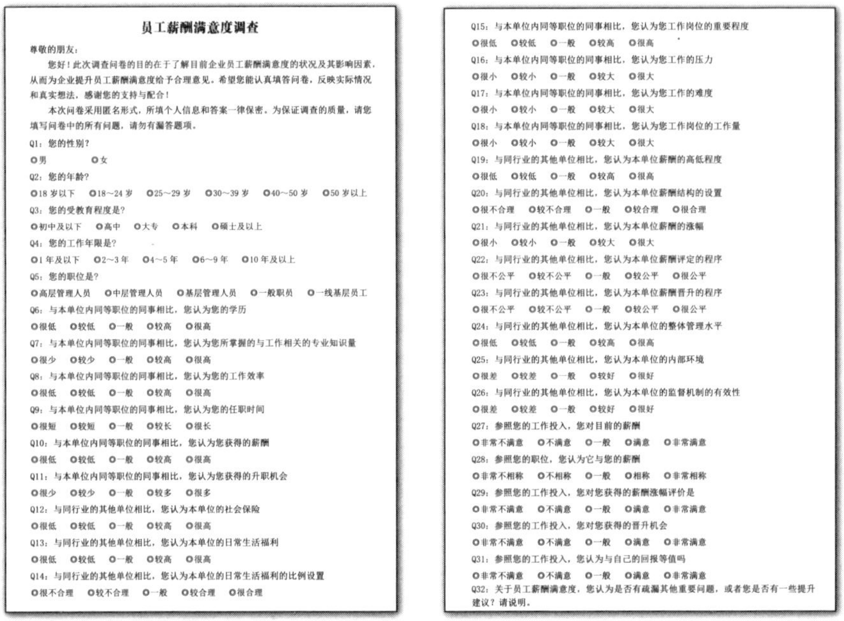

员工薪酬满意度调查

尊敬的朋友：

您好！此次调查问卷的目的在于了解目前企业员工薪酬满意度的状况及其影响因素，从而为企业提升员工薪酬满意度给予合理意见。希望您能认真填答问卷，反映实际情况和真实想法，感谢您的支持与配合！

本次问卷采用匿名形式，所填个人信息和答案一律保密。为保证调查的质量，请您填写问卷中的所有问题，请勿有漏答题项。

Q1：您的性别？

○男　○女

Q2：您的年龄？

○18 岁以下　○18～24 岁　○25～29 岁　○30～39 岁　○40～50 岁　○50 岁以上

Q3：您的受教育程度是？

○初中及以下　○高中　○大专　○本科　○硕士及以上

Q4：您的工作年限是？

○1 年及以下　○2～3 年　○4～5 年　○6～9 年　○10 年及以上

Q5：您的职位是？

○高层管理人员　○中层管理人员　○基层管理人员　○一般职员　○一线基层员工

Q6：与本单位内同等职位的同事相比，您认为您的学历

○很低　○较低　○一般　○较高　○很高

Q7：与本单位内同等职位的同事相比，您认为您所掌握的与工作相关的专业知识量

○很少　○较少　○一般　○较高　○很高

Q8：与本单位内同等职位的同事相比，您认为您的工作效率

○很低　○较低　○一般　○较高　○很高

Q9：与本单位内同等职位的同事相比，您认为您的任职时间

○很短　○较短　○一般　○较长　○很长

Q10：与本单位内同等职位的同事相比，您认为您获得的薪酬

○很低　○较低　○一般　○较高　○很高

Q11：与本单位内同等职位的同事相比，您认为您获得的升职机会

○很少　○较少　○一般　○较多　○很多

Q12：与同行业的其他单位相比，您认为本单位的社会保险

○很低　○较低　○一般　○较高　○很高

Q13：与同行业的其他单位相比，您认为本单位的日常生活福利

○很低　○较低　○一般　○较高　○很高

Q14：与同行业的其他单位相比，您认为本单位的日常生活福利的比例设置

○很不合理　○较不合理　○一般　○较合理　○很合理

Q15：与本单位内同等职位的同事相比，您认为您工作岗位的重要程度

○很低　○较低　○一般　○较高　○很高

Q16：与本单位内同等职位的同事相比，您认为您工作的压力

○很小　○较小　○一般　○较大　○很大

Q17：与本单位内同等职位的同事相比，您认为您工作的难度

○很小　○较小　○一般　○较大　○很大

Q18：与本单位内同等职位的同事相比，您认为您工作岗位的工作量

○很小　○较小　○一般　○较大　○很大

Q19：与同行业的其他单位相比，您认为本单位薪酬的高低程度

○很低　○较低　○一般　○较高　○很高

Q20：与同行业的其他单位相比，您认为本单位薪酬结构的设置

○很不合理　○较不合理　○一般　○较合理　○很合理

Q21：与同行业的其他单位相比，您认为本单位薪酬的涨幅

○很小　○较小　○一般　○较大　○很大

Q22：与同行业的其他单位相比，您认为本单位薪酬评定的程序

○很不公平　○较不公平　○一般　○较公平　○很公平

Q23：与同行业的其他单位相比，您认为本单位薪酬晋升的程序

○很不公平　○较不公平　○一般　○较公平　○很公平

Q24：与同行业的其他单位相比，您认为本单位的整体管理水平

○很低　○较低　○一般　○较高　○很高

Q25：与同行业的其他单位相比，您认为本单位的内部环境

○很差　○较差　○一般　○较好　○很好

Q26：与同行业的其他单位相比，您认为本单位的监督机制的有效性

○很差　○较差　○一般　○较好　○很好

Q27：参照您的工作投入，您对目前的薪酬

○非常不满意　○不满意　○一般　○满意　○非常满意

Q28：参照您的职位，您认为它与您的薪酬

○非常不相称　○不相称　○一般　○相称　○非常相称

Q29：参照您的工作投入，您对您获得的薪酬涨幅评价是

○非常不满意　○不满意　○一般　○满意　○非常满意

Q30：参照您的工作投入，您对您获得的晋升机会

○非常不满意　○不满意　○一般　○满意　○非常满意

Q31：参照您的工作投入，您认为与自己的回报等值吗

○非常不满意　○不满意　○一般　○满意　○非常满意

Q32：关于员工薪酬满意度，您认为是否有疏漏其他重要问题，或者您是否有一些提升建议？请说明。

图 3-4　薪酬满意度调查问卷

3.2.4　制定合理的薪酬制度

企业要建立薪酬制度，首先需要建立合理的薪酬体系，这也是薪酬制度的重中之重。合理的薪酬体系能够帮助企业留住人才，甚至吸引人才，下面进行具体介绍。

（1）建立合理薪酬体系的步骤

薪酬体系具有一定的规范性，在建立时需要遵循一定的步骤，才能使

建立的薪酬体系内容完备，符合实际需求。

步骤一：分配模式多元化。工资分配的模式主要包括职务工资、职能工资、绩效工资以及资历工资等。以职务工资为例，员工所承担责任的大小、对企业的贡献程度等是影响员工工资收入的主要因素。在确定工资分配方式时尽量多元化，这样更有利于企业发展。

步骤二：注意非工资性薪酬。薪酬不止包括工资和奖金，带薪休假、商业保险和购房津贴等各种福利，甚至员工持股和股票期权等激励方式都可以从广义上算作薪酬。因此，在设计薪酬制度时，眼光不能局限于工资制度。

步骤三：重视集体绩效与集体奖励。现在的企业在设计薪酬制度时越来越重视员工绩效表现与其薪酬收入之间的紧密联系。企业除了要重视员工个人的绩效考核，还要关注集体的绩效。

步骤四：做好公开与保密。薪酬的公开或保密一直是一个值得企业思考的问题，因为企业状况不同，企业的薪酬政策状态也不同。常见的薪酬政策主要有三种状态，一是完全公开，包括企业的薪酬政策，不同员工的薪酬标准、金额等完全公开；二是部分公开、部分保密，一般是企业政策公开，但每个员工的薪酬标准、金额保密；三是完全保密，即企业的薪酬政策、工资标准和金额等完全保密。

（2）建立薪酬管理制度

企业薪酬制度是员工行为因素集合与企业目标体系最佳的连接点，即达到特定的组织目标，员工将会得到相应的奖酬。建立健全科学的薪酬制度，是管理中的一项重大决策。具体流程如图 3-5 所示。

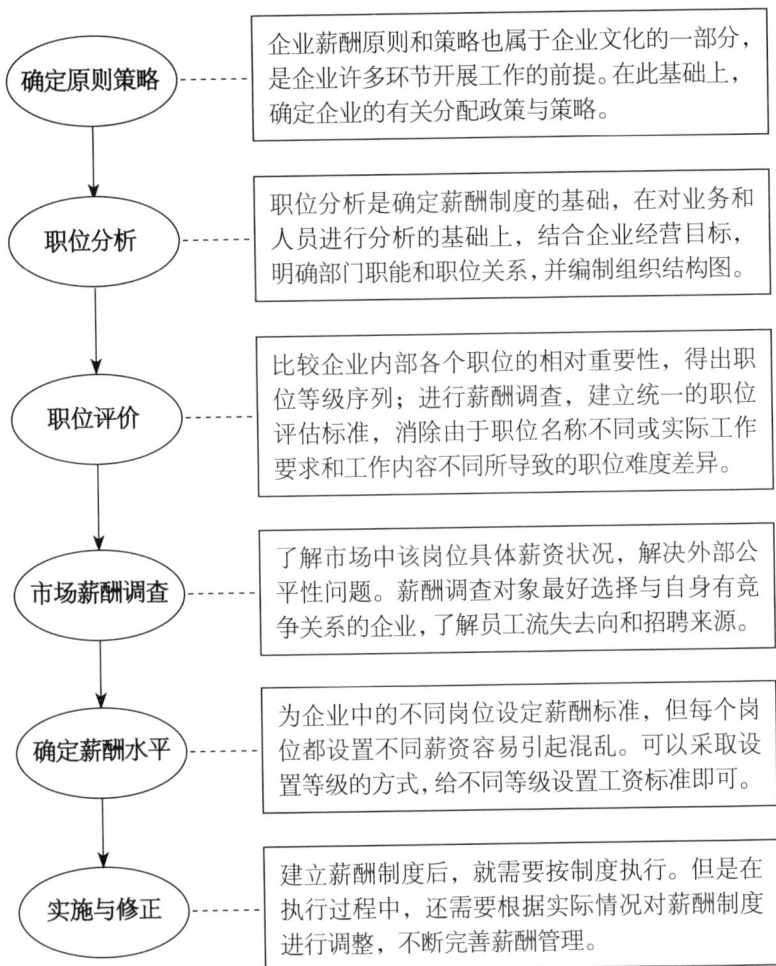

确定原则策略	企业薪酬原则和策略也属于企业文化的一部分，是企业许多环节开展工作的前提。在此基础上，确定企业的有关分配政策与策略。
职位分析	职位分析是确定薪酬制度的基础，在对业务和人员进行分析的基础上，结合企业经营目标，明确部门职能和职位关系，并编制组织结构图。
职位评价	比较企业内部各个职位的相对重要性，得出职位等级序列；进行薪酬调查，建立统一的职位评估标准，消除由于职位名称不同或实际工作要求和工作内容不同所导致的职位难度差异。
市场薪酬调查	了解市场中该岗位具体薪资状况，解决外部公平性问题。薪酬调查对象最好选择与自身有竞争关系的企业，了解员工流失去向和招聘来源。
确定薪酬水平	为企业中的不同岗位设定薪酬标准，但每个岗位都设置不同薪资容易引起混乱。可以采取设置等级的方式，给不同等级设置工资标准即可。
实施与修正	建立薪酬制度后，就需要按制度执行。但是在执行过程中，还需要根据实际情况对薪酬制度进行调整，不断完善薪酬管理。

图 3-5　建立薪酬管理制度的流程

案例实操 某企业的薪酬管理制度（节选）

某企业为了规范企业薪酬管理体系，于是制定了企业薪酬管理制度。

一、目的

为适应公司发展要求，充分发挥薪酬的激励作用，进一步拓展员工晋升的职业发展通道，建立一套相对科学、合理的薪酬体系，根据公司现状，特制定本制度。

……

四、薪酬结构

1. 基本工资

即劳动者所得工资的基本组成部分，用于保障员工基本生活，较之工资的其他组成部分具有相对稳定性。

……

五、试用期薪酬

凡公司新进人员在试用期内薪资标准按核定岗位等级薪资标准的80%执行，具体可由行政人事部按具体情况确定……

六、薪酬调整

1. 整体调整

指公司根据国家政策和物价水平等宏观因素的变化、行业及地区竞争状况以及公司整体效益情况而进行的调整，包括薪酬水平调整和薪酬结构调整，调整幅度由总经理根据经营状况决定。

……

以上为该企业薪酬管理制度的大致结构，主要规范了薪酬结构、试用期薪酬以及薪酬调整等事项。企业管理者可以参考本制度的结构，结合自身企业实际情况制定薪酬管理制度。

3.3 相关表单模板

▲人力资源供给预测表

▲员工加班记录表

▲招聘申请表

▲培训费用预算表

离职员工工作交接表

姓名		部门		职位		最后工作日	
离职原因	□主动离职		□辞退		□劳动合同不续签		
会签部门	移交事项	内容/数量	移交人	接收人	备注		
所在部门	1.电子文件						
	2.纸质文件						
	3.客户资料						
	4.其他						
	直接上级签名确认	□确认完成交接		□交接暂未完成			
财务	1.暂借款						
	2.应收款						
	3.应还款						
	4.其他						
	财务签字确认	□确认完成交接		□交接暂未完成			
行政部	1.办公用品						
	行 2.钥匙						
	政 3.固定资产						
	4.书本						
	5.电子档备案						
	6.其他						
	行政签名确认	□确认完成交接		□交接暂未完成			
部门经理签字			总经理签字				

▲离职员工工作交接表

员工内部竞聘申请表

第一部分（个人填写）					
申请人姓名		性别		出生年月	
最高学历		毕业院校		专业	
专业职称		健康状况		联系电话	
现工作部门		现任职位			
竞聘部门		竞聘岗位			

申请人申明：

我自愿提出竞聘申请，并对上述填写内容的真实、完整性负责，并同意公司对上述内容进行调查，如上述内容与实际情况不符，本人愿承担一切后果。若公司接受本人申请，我将做到：

1.遵守岗位竞聘规则。

2.若因客观情况发生变化或公司发展需要以及出现本人不能胜任工作的情况时，本人接受公司对工作内容及工作岗位的调整和安排。

申请人签字： 日期： 年 月 日

第二部分（人力资源中心填写）	
笔试得分	竞聘得分
考察总体评价	
竞聘结果	

▲员工内部竞聘申请表

员工奖惩审批表

填写日期： □奖励 □处分

姓名		部门		职务	
奖惩原因					
部门经理意见	□通报表扬 □记小功 □记大功		经济奖励		其他
	□警告 □记过 □记大过 □辞退		经济处罚		其他
			签名：		日期：
人力资源部意见					
			签名：		日期：
总经理意见					
			签名：		日期：

▲员工奖惩审批表

人才储备登记表

姓名		性别		出生年月		
身份证号码			政治面貌			
学历		专业		毕业院校		（照片）
工作年限		原工作单位名称		所任职务（职称）		
职业资质		发放单位		特长描述		
应聘岗位			电子邮箱			
家庭住址			邮编		固话	
户籍所在地			婚姻状况		手机	
受表彰情况						
工作简历						
学习简历						
家庭状况						
附件提交	身份证、学历、职业资格证、劳动合同复印件各一份，一寸照片3张。					
	复核原件人签名：			提交日期：		

▲人才储备登记表

年度招聘计划及费用预算表

编号：

招聘方法/渠道	内部招聘：□岗位晋升		□岗位轮换		□内部推荐			
	外部渠道：□网络媒体		□校园招聘		□猎头		□现场招聘会	
年度招聘费用预算	一季度		二季度		三季度		四季度	
总计＝_____元/年	小计：_____元		小计：_____元		小计：_____元		小计：_____元	
年度公司人员编制定额	_____人			目前人员配置额				_____人

		年度各部门岗位设置、人员配置规划				招聘实施时间计划			
部门名称	定编人数	现有人数	申报人数	核定人数	核定招聘岗位的职位概要	一季度	二季度	三季度	四季度

制表人：   审核人：

▲年度招聘计划及费用预算表

第4章

加强财务管理
对财务状况心中有数

企业管理者虽然可能不是财务方面的专业人员，但是因为财务对于企业来说十分重要，所以管理者也应当掌握相应的财务知识，加强对财务的管理，避免因财务问题导致企业陷入风险之中。

4.1 简析财务报表与财务分析

很多企业管理者可能认为自己不需要了解财务，财务知识只是财务工作者应该学习的。其实不然，企业管理者也应当掌握必要的财务知识，才能了解企业的财务状况，从而及时做出决策调整。

4.1.1 资产负债表，反映企业财务状况

资产负债表表示的是企业在一定时期内的财务状况，主要对企业资产、负债和所有者权益这三大要素进行反映。

（1）了解资产负债表的结构

资产负债表中的项目主要可以分为流动资产、非流动资产、流动负债、非流动负债和所有者权益五种。

- 通过流动资产合计可以了解企业短时间（一个正常营业周期或一个会计年度）内可以使用资金有多少。
- 非流动资产数据则可以让管理者了解有多少不能随意动用的资产。
- 流动负债是预计短期内（一个正常营业周期或一个会计年度）需要偿还的债务，即短期负债。
- 非流动负债是流动负债以外的负债，表示长时间过后再偿还的总债务。
- 所有者权益是企业的净资产，表示的是所有者享有的剩余权益，包括实收资本、资本公积、盈余公积和未分配利润等。

资产、负债和所有者权益在资产负债表中的列示如图 4-1 所示。

资产负债表

会企 01 表

编制单位：　　　　　　　　　年　月　日　　　　　　　　　单位：元

资产	期末余额	年初余额	负债和所有者权益（或股东权益）	期末余额	年初余额
流动资产：			流动负债：		
货币资金			短期借款		
交易性金融资产			交易性金融负债		
衍生金融资产			衍生金融负债		
应收票据			应付票据		
应收账款			应付账款		
预付款项			预收款项		
其他应收款			合同负债		
存货			应付职工薪酬		
合同资产			应交税费		
持有待售资产			其他应付款		
一年内到期的非流动资产			持有待售负债		
其他流动资产			一年内到期的非流动负债		
流动资产合计			其他流动负债		
非流动资产：			**流动负债合计**		
债权投资			非流动负债：		
其他债权投资			长期借款		
长期应收款			应付债券		
长期股权投资			其中：优先股		
其他权益工具投资			永续债		
其他非流动金融资产			租赁负债		
投资性房地产			长期应付款		
固定资产			预计负债		
在建工程			递延收益		
生产性生物资产			递延所得税负债		
油气资产			其他非流动负债		
使用权资产			**非流动负债合计**		
无形资产			**负债合计**		
开发支出			所有者权益（或股东权益）：		
商誉			实收资本（或股本）		
长期待摊费用			其他权益工具		
递延所得税资产			其中：优先股		
其他非流动资产			永续债		
非流动资产合计			资本公积		
			减：库存股		
			其他综合收益		
			专项储备		
			盈余公积		
			未分配利润		
			所有者权益（或股东权益）合计		
资产总计			**负债和所有者权益（或股东权益）总计**		

图 4-1　资产负债表模板

（2）把握企业状况

偿债能力指企业用其资产偿还长期债务与短期债务的能力，是企业能否健康生存和发展的关键。企业偿债能力是反映企业财务状况和资本结构的重要标志。

企业管理者要知道企业的偿债能力，可以通过流动比率、速动比率、现金比率和利息支付倍数四个财务指标进行分析，具体介绍见表 4-1。

表 4-1　企业偿债能力指标分析

指　　标	具体介绍
流动比率	流动比率表示每一元流动负债有多少流动资产作为偿还的保证。它反映公司流动资产对流动负债的保障程度。计算公式如下： 流动比率 = 流动资产合计 ÷ 流动负债合计 流动比率越大，表示短期偿债能力越强（200% 较合适）。该指标常会结合存货的规模大小、周转速度、变现能力和变现价值等进行综合分析，也就是说，流动比率高，并不一定有较强的偿债能力
速动比率	速动比率表示每一元流动负债有多少速动资产作为偿还的保证，进一步反映速动资产流动负债的保障程度。计算公式如下： 速动比率 =（流动资产合计 − 存货净额）÷ 流动负债合计 一般情况下，该指标越大，表明公司短期偿债能力越强。通常该指标在 100% 左右较好
现金比率	现金比率表示每一元流动负债有多少现金及现金等价物作为偿还的保证，反映公司可用现金及变现方式清偿流动负债的能力。计算公式如下： 现金比率 =（现金 + 现金等价物）÷ 流动负债合计 现金比率一般认为 20% 以上为好。但这一比率过高就意味着公司流动资产未能得到合理运用，现金类资产获利能力低
利息支付倍数	利息支付倍数表示息税前收益对利息费用的倍数，反映公司负债经营的财务风险程度。计算公式如下： 利息支付倍数 =（利润总额 + 财务费用）÷ 财务费用 管理者需要注意，这一倍数越低代表公司的债务压力越大，如果倍数低于 1 倍，便意味着公司赚取利润总额为负，经营所得根本不足以支付利息，而比较理想的倍数则是 1.5 倍以上

4.1.2　现金流量表，反映企业资金安全性、灵活度

现金流量表表达的是在一固定期间内，一家机构的现金（包含银行存款）的增减变动情形。然而，有很多企业的管理者不重视现金流量表，认为该表没什么用处，实则不然，其具体意义如下：

（1）现金流量表的结构

现金流量表能够帮助企业管理者分析企业在短期内有没有足够的现金去应付开销，其作用十分强大，因此需要引起管理者重视。

在现金流量表中，按照现金来源和用途的不同对其进行了分类。即按照经营活动、投资活动和筹资活动将所涉及的活动分为了三类，如图4-2所示。

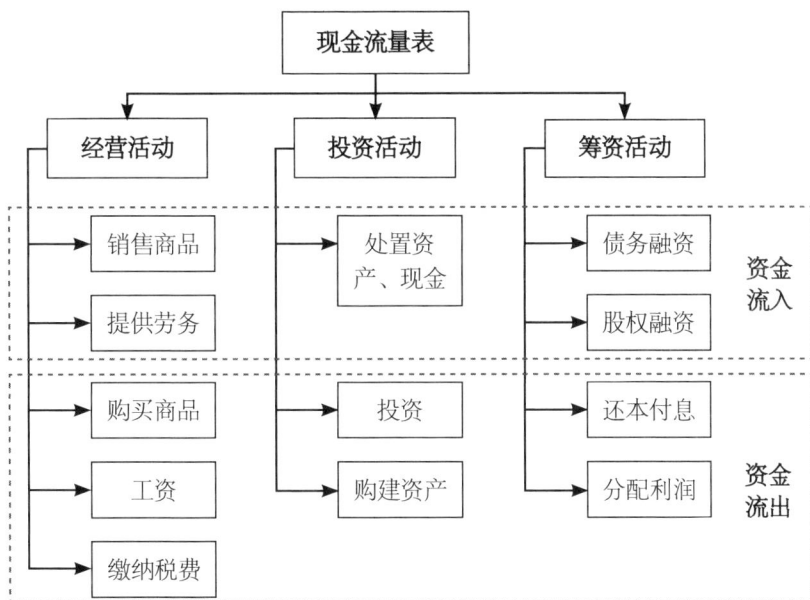

图4-2　现金流量表结构

下面具体来看现金流量表模板，如图4-3所示。

现金流量表

会企 03 表

编制单位：　　　　　　　　　年　　月　　　　　　　　　　　　　单位：元

项　目	本月金额	本年累计金额
一、经营活动产生的现金流量		
销售商品、提供劳务收到的现金		
收到的税费返还		
收到其他与经营活动有关的现金		
经营活动现金流入小计		
购买商品、接受劳务支付的现金		
支付给职工以及为职工支付的现金		
支付的各项税费		
支付其他与经营活动有关的现金		
经营活动现金流出小计		
经营活动产生的现金流量净额		
二、投资活动产生的现金流量		
收回投资收到的现金		
取得投资收益收到的现金		
处置固定资产、无形资产和其他长期资产收回的现金净额		
处置子公司及其他营业单位收到的现金净额		
收到其他与投资活动有关的现金		
投资活动现金流入小计		
购建固定资产、无形资产和其他长期资产支付的现金		
投资支付的现金		
取得子公司及其他营业单位支付的现金净额		
支付其他与投资活动有关的现金		
投资活动现金流出小计		
投资活动产生的现金流量净额		
三、筹资活动产生的现金流量		
吸收投资收到的现金		
取得借款收到的现金		
收到其他与筹资活动有关的现金		
筹资活动现金流入小计		
偿还债务支付的现金		
分配股利、利润或偿付利息支付的现金		
支付其他与筹资活动有关的现金		
筹资活动现金流出小计		
筹资活动产生的现金流量净额		
四、汇率变动对现金及现金等价物的影响		
五、现金及现金等价物净增加额		
加：期初现金及现金等价物余额		
六、期末现金及现金等价物余额		

图 4-3　现金流量表模板

（2）用现金流量表诊断企业的健康

要通过现金流量表分析企业的健康状况，主要可以从盈利现金比率、现金再投资比率和强制性现金支付比率这三个指标进行分析，见表 4-2。

表 4-2　现金流量数据诊断企业健康

指　　　标	具体介绍
盈利现金比率	盈利现金比率反映本期经营活动产生的现金净流量与净利润之间的比率关系，一般情况下，该比率越大，企业盈利能力也就越强。计算公式如下： 　　盈利现金比率 = 经营活动现金净流量 ÷ 净利润 ×100% 　　通常，盈利现金比率是大于 100% 的，表明企业有较强的竞争力
现金再投资比率	现金再投资比率指留存于单位的业务活动现金流量与再投资资产之比。该比率越大，表示企业的再投资能力越强；反之则表示再投资能力较弱（理想值 8% ~ 10%）。具体计算公式如下： 　　现金再投资比率 = 经营活动净现金流量 ÷（固定资产 + 长期投资 + 其他资产 + 运营资金）
强制性现金支付比率	强制性现金支付比率就是反映企业是否有足够的现金履行其偿还债务、支付经营费用等责任的指标。具体计算公式如下： 　　强制性现金支付比率 = 现金流入总量 ÷（经营活动现金流出量 + 偿还到期本息付现） 　　强制性现金支付比率越高，表示企业支付必要经营成本的能力越强

4.1.3　利润表，反映企业实现利润的情况

　　利润表，又叫损益表，是反映企业在一定会计期间的经营成果的财务报表。利润表能够反映企业在一定时期内的各种收入，发生的费用、成本、支出以及实现利润或产生亏损的情况。

（1）利润表的结构

　　在生产经营中企业不断地发生各种费用支出，同时取得各种收入，简单来说，收入减去费用，剩余的部分就是企业的盈利。取得的收入和发生的相关费用的对比情况就是企业的经营成果。

利润表中的支出数据也与资产负债表中的科目有所联系，利润表中的支出数据通常是资产负债表中负债类科目数据的来源。下面具体来看利润表模板，如图4-4所示。

利润表

会企02表

编制单位：	年　　月		单位：元
项目		本期金额	上期金额
一、营业收入			
减：营业成本			
税金及附加			
销售费用			
管理费用			
研发费用			
财务费用			
其中：利息费用			
利息收入			
加：其他收益			
投资收益（损失以"-"号填列）			
其中：对联营企业和合营企业的投资收益			
以摊余成本计量的金融资产终止确认收益（损失以"-"号填列）			
净敞口套期收益（损失以"-"号填列）			
公允价值变动收益（损失以"-"号填列）			
信用减值损失（损失以"-"号填列）			
资产减值损失（损失以"-"号填列）			
资产处置收益（损失以"-"号填列）			
二、营业利润（亏损以"-"号填列）			
加：营业外收入			
减：营业外支出			
三、利润总额（亏损总额以"-"号填列）			
减：所得税费用			
四、净利润（净亏损以"-"号填列）			
（一）持续经营净利润（净亏损以"-"号填列）			
（二）终止经营净利润（净亏损以"-"号填列）			
五、其他综合收益的税后净额			
（一）不能重分类进损益的其他综合收益			
1. 重新计量设定受益计划变动额			
2. 权益法下不能转损益的其他综合收益			
3. 其他权益工具投资公允价值变动			
4. 企业自身信用风险公允价值变动			
……			
（二）将重分类进损益的其他综合收益			
1. 权益法下可转损益的其他综合收益			
2. 其他债权投资公允价值变动			
3. 金融资产重分类计入其他综合收益的金额			
4. 其他债权投资信用减值准备			
5. 现金流量套期储备			
6. 外币财务报表折算差额			
……			
六、综合收益总额			
七、每股收益：			
（一）基本每股收益			
（二）稀释每股收益			

图4-4　利润表模板

（2）从利润表分析盈利能力

盈利能力反映的是企业资产运用能力，或者是使资产增值的能力。企业管理者分析企业盈利能力时，可以从多方面、多角度进行考虑。具体财务指标见表4-3。

表4-3　企业盈利能力分析

指　　　标	具体介绍
销售利润率	销售利润率是企业利润与销售额之间的比率，是反映销售收入收益水平的指标，即每一元销售收入所获得的利润。计算公式如下： 　销售利润率 ＝ 利润总额 ÷ 营业收入 ×100% 　该比率越高，表明企业为社会新创价值越多，贡献越大，也反映企业在增产的同时为企业多创造了利润，实现了增产增收
成本费用利润率	该指标反映企业生产经营过程中发生的耗费与获得的收益之间的关系的指标。计算公式如下： 　成本费用利润率 ＝ 利润总额 ÷ 成本费用总额 ×100% 　该比率越高，表明企业能够付出较小的代价获得较高的收益。成本费用利润率是一个能直接反映增收节支、增产增效益的指标
总资产利润率	反映企业资产综合利用效果的指标，也是衡量企业利用债权人和所有者权益总额取得收益的能力的重要指标。其计算公式如下： 　总资产利润率 ＝ 利润总额 ÷ 资产平均总额 ×100% 　资产平均总额 ＝（年初资产总额 ＋ 年末资产总额）÷2 　总资产利润率越高，表明资产利用的效益越好，整个企业获利能力越强，经营管理水平越高

4.2　做好企业预算管理

预算编制的好坏会影响到企业后续工作的开展，对企业目标的实现也可能产生影响。对于企业管理者而言，不仅要做好预算工作，还要对各项预算进行审核，确保预算切实可行。

4.2.1　如何让预算不脱轨

在企业内部通常会存在从事预算管理工作的人员，负责预算相关工作，如预算编制、审核、调整和执行分析等。其中，预算审核是预算管理中的一个重要工作，也是难点，做好了预算审核才能保证预算不脱轨。

企业管理者首先需要明确预算的具体审核人员，通常情况下，在预算管理工作中，董事会和经理办公会等要对预算过程中的必要事项进行审核，通过后才能进行下一步工作。

下面来看预算审核的具体内容有哪些。

- 审核预算收支计划的安排是否符合企业的发展目标、方针、政策，是否符合企业的计划指标。
- 审核是否符合企业预算管理体制的要求。
- 审核预算的内容是否完备，相关资料是否齐全。
- 审核预算是否与业务的真正需求相契合。比如，维修部门提报了配置墨镜的预算，理由是夏天阳光刺眼，检查线路时可以有效保护员工的眼睛。乍一看没问题，但仔细想想，戴个墨镜能检查出故障或瑕疵吗？所以，这里的墨镜预算不符合业务的真正需求。

企业管理者要想真正做好企业的预算审核工作，需要多到现场了解实际情况，在进行审核时，多从业务角度出发，弄清具体情况。

企业管理者进行预算审核时，眼光不能过于短浅，应当时刻留意外部情况、市场走向以及同行情况，从而对预算的成本和利润进行把控。

预算目标的设置通常需要领导层决策，然后由下属职能部门执行。由于两者存在一定的差异，可能导致编制的预算与实际的预算目标差异太大。预算管理部门则需要协调好两者之间的差异，毕竟领导者的决策需要执行，而下属部门的意见也不能忽视。

因此，为了制订出最合适的预算目标，预算审核便在其中起到协调的作用，不仅要将下属部门的意见及时反馈，也要将领导层的决策依据向下属部门解释说明。

4.2.2 预算分析的常见分析方法

预算分析是用来跟踪、反映和加强全面预算执行的有效方法。预算的分析方法包括差异分析法、对比分析法、对标分析法、结构分析法以及趋势分析法等。

◆ **差异分析法**

差异分析法就是计算往期各预算报表的数据与实际绩效之间的差异，分析引起差异的内外部原因，及时发现和解决预算执行过程中出现的问题和存在的风险，为预算控制提供方向、目标和重点。

◆ **对比分析法**

对比分析法是将某项指标与性质相同的指标项进行对比来揭示差异，分析报表中的项目与总体项目之间的关系及其变动情况，探讨产生差异的原因，判断企业预算的执行情况。对比分析的内容见表4-4。

表 4-4　对比分析法的分析内容

内　　容	具体介绍
实际数与预算数的对比分析	实际数与预算数的对比分析，如完成率＝实际完成数 ÷ 预算完成数
同比分析	即将本期实际数与上年同期实际数进行对比分析
环比分析	即将本期实际数与上期实际数对比分析

◆　**对标分析法**

了解对标分析法，首先需要知道对标管理。对标管理是通过选取国内外同行业优秀企业的最佳实践，并以此为基准与本企业进行比较、分析和判断，从而使本企业的业绩不断改进的一个过程。

预算管理中的对标分析法就是选取行业内标杆企业作为比较标准，通过对标分析，了解企业在行业竞争中的地位，明确差距，提出相应改进措施。

◆　**结构分析法**

结构分析法指某一子项占其总项的百分比，如期间费用中管理费用、财务费用和销售费用所占的比例，或办公费用、研发费用等占管理费用的比例。

结构分析法实际上就是分析实际数结构与预算数结构之间的差异，分析结构变化对预算完成情况的不同影响。

◆　**趋势分析法**

趋势分析法是根据企业连续几个时期的分析资料，确定分析期各有关项目的变动情况和趋势、实际值季度累进趋势等。

4.2.3　建立企业预算管理制度

　　建立企业预算管理制度能够起到规范企业预算工作的效果，从而帮助企业节省不必要的开支。建立企业预算管理制度需要企业管理者和相关预算人员共同探讨、协商，最终制定出符合企业实际情况的预算管理制度。图4-5为一般的预算编制审批流程。

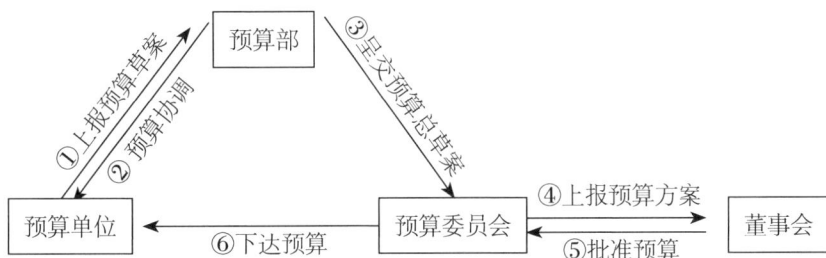

图4-5　预算编制审批的一般流程

　　下面来看企业预算管理制度在制定时需要注意的事项。

- 通过对各季度及年度财务预算执行情况，即现金流量情况、资产负债情况和财务损益情况的分析，对预算企业的经营业绩做出客观、综合评价，找出影响企业经营业绩的主要问题，制定解决对策，确保企业年度经营目标的顺利实现。

- 通过对企业预算执行情况的分析评价，找出预算企业工作中存在的偏差。

- 对预算管理系统进行评价，找出预算管理中存在的缺陷和不足，并提出解决方案。

　　预算管理制度中通常包含预算管理的意义、内容、组织、流程、当前存在的问题及解决方法等。

　　下面来看具体的企业预算管理制度。

案例实操 企业预算管理制度（节选）

第1章　总则

第一条　为了加强公司全面预算管理工作，减少经营风险，使生产经营活动有序化，提高管理工作的效率和效益，全面提高公司整体经济效益，结合公司实际情况，制定本制度。

……

第2章　全面预算的主要项目

第五条　全面预算是按照预算管理工作程序通过销售预算测算公司生产总预算，是对公司整体资源有效分配和运用的综合表现形式……

第3章　全面预算管理职责分工

第九条　成立公司预算管理委员会，作为公司内部预算最终决策部门，由总经理、财务总监、销售副总、生产副总、采购副总、人事行政负责人、技术负责人、投融资负责人及相关部门部长以上人员共同组成，主要职责如下……

第4章　全面预算编报及审批程序

第十二条　全面预算编制的依据如下……

第6章　投资预算

第二十三条　投资预算编制的基本原则是投资项目必须符合公司重点发展战略的需要，并根据自身实力量入为出。对投资项目不得留有资金缺口。

……

第7章　固定资产预算

第二十六条　各部门计划在下一预算期内购置固定资产，须先向公司上报固定资产预算。在固定资产预算内须对计划购置的固定资产名称、计划购置价格、数量及金额详细列明。在固定资产预算中，国内预算单位须对单价1万元人民币以上的项目逐项说明购置原因。

第8章　资金需求及现金流量预算

第二十七条　公司在综合经营预算、投资预算及固定资产预算的基础上编制资金需求预算……

第9章　预算执行分析

第二十八条　预算单位按月上报预算完成情况月报，财务部每月向总裁办提交财务预算月报。

以上为某企业的预算管理制度的部分内容，其中主要对预算目的、职责分工、预算编报与审批、投资预算以及固定资产预算等进行了规范。通过预算管理制度对企业中涉及预算的相关工作进行了具体的规范，有助于企业实施管理。

4.3　发现企业财务存在的问题

企业管理者在进行财务管理的过程中，要善于发现财务管理中存在的财务问题，并采用合理的方法解决，从而降低企业的财务风险。

4.3.1　常见的财务陷阱有哪些

优秀的管理者通常善于在进行财务管理的过程中发现企业财务存在的陷阱，并及时解决问题。管理者要做到这一点，首先需要知道企业经营过程中常见财务陷阱有哪些。

回避未知情况。企业财务人员通常对已知的数据、情况比较敏感，而对那些模糊的、未知的信息则较为排斥。未知的机会与风险影响着每一个企业的未来，高层领导者应具备透过内在的不确定性而充满自信地去洞察未知事项的知识与技巧。

忽略创造的重要性。很少有企业可以自始至终地将计量的结果有效地转变为改良的动力，而绝大多数财务人员选择的只是计量。计量本身并不能创造价值，只是当改良发生后，计量的数据才具有实际指导意义，这一点管理者需要清楚。

忽略价值的重要性。成本固然重要，但是价值也不能忽略。零成本意味着无法创造价值，不创造价值意味着失去客户。而关键的是以最低的成本为企业、客户以及其他关键的利益相关者同时创造价值。

不注重整体。如果财务人员认为自己的工作只是局限于本部门，这是不对的。管理者应当要求财务人员走出财务部，采用换位思考的方法，了解其他部门的需求，去为企业创造更大的价值。

缺乏创新力。财务人员往往习惯于过去所学到的知识和技能、过去积累起来的经验以及前任传授的习惯做法，很少去质疑和改变。管理者要督促财务人员寻找机会去改进、去创新，并努力贯彻执行。

默默无闻，不思进取。事实上，如果没人认为你的工作是中肯、独特和有价值的，那么你的工作就一文不值。财务人员应当善于营销自己，如果只是寄希望于让工作本身来说话，这就失去了主动性。

4.3.2　财务风险的成因是什么

企业财务风险产生的原因有很多，既有存在企业外部的原因，也包括企业自身的原因。不同的财务风险形成的具体原因不尽相同，企业产生财务风险的一般原因有以下几点。

◆ 企业财务管理宏观环境的复杂性

宏观环境的复杂性是企业产生财务风险的外部原因，企业财务管理的宏观环境复杂多变，企业管理系统不能很好地适应。

财务管理的宏观环境包括经济环境、法律环境、市场环境、社会文化环境以及资源环境等因素，这些因素虽存在企业之外，但对企业财务管理产生重大的影响。

◆ 财务管理人员对财务风险认识不足

对于企业而言，最容易发现企业财务风险的往往是财务管理人员。然而在现实工作中，许多企业的财务管理人员缺乏风险意识，风险意识的淡薄是产生财务风险的重要原因之一。

◆ 财务决策缺乏科学性

财务决策失误或缺乏科学性是产生财务风险的主要原因之一。避免财务决策失误的前提是财务决策的科学化。

◆ 企业内部财务关系不明

企业内部财务关系不明也是企业产生财务风险的重要原因之一，企业与内部各部门之间及企业与上级企业之间，在资金管理及使用、利益分配等方面存在权责不明、管理不力的现象，造成资金使用效率低下，资金流失严重，资金的安全性、完整性无法得到保证，从而给企业带来风险。

4.3.3 货币资金舞弊的常见方式

货币资金作为公司资产中流动性最强和控制风险最高的资产，具有直接支付以及随身携带的特点。而公司货币资金的舞弊方式一般可分为虚构职工工资、虚开票据和挂往来账等，以此来套取现金，具体细节如下所示。

- **虚构职工工资套取现金**：表现为公司通过将一些事实上并不存在的人员罗列入公司的应付工资表中，从而扩大公司的工资支出，当支付实际的工资后，剩余的余额就为公司套取的现金。

- **虚开票据套取现金**：指公司内部或外单位的人员将一些无法报账的票据在财务人员处进行报账，然后财务人员为了报表的平衡，就会虚列一笔费用或资产，实现账实之间的平衡。

- **挂往来账套取现金**：指公司虚设一些往来单位，将公司的资金汇入一些与公司真实业务无关的个人或公司账户，实现套现的目的，而在账务处理上以往来账进行列明，再经过一定时期，就作为公司的坏账处理。

- **收取差额套取现金**：指公司通过少开、不开发票和白条抵库等方式，使公司账目中的应收票据金额小于公司实际收款金额，从而套取中间的差额，一般发生在公司的一些现金收入业务中。

4.3.4 避免存货舞弊

公司财务报表的造假，大多体现在公司的资产项目上，而资产造假的常用方法则是对资产计价进行舞弊，而在资产计价中，最主要的体现就是公司对于存货的计价。存货具有计价方法多样、种类繁多和流动性强的特点。

管理者应当了解如何避免存货舞弊。

对于公司存货舞弊的检查，可以从三大环节入手，一是存货的获得环节，二是存货的发出环节，三是存货的盘点环节，具体如下所示。

存货获得环节。存货在获得环节的舞弊，可体现为公司编制各种虚假资料，增加存货的数量与价值，或没有对存货的采购成本进行分摊，从而使存货成本不真实。

存货发出环节。公司在该环节通过对一些材料虚拟出库或虚列成本，以此提高相应的成本，减少利润总额；或对于存货的计价方法进行随意变更，这些都是存货的舞弊。

存货盘点环节。公司在该环节进行的舞弊，一般通过对存货的重复盘点、虚列存货的存在或对于盘盈盘亏的材料不做相应的账务处理，同时对一些毁损的材料也不进行列报，以此来调节存货成本。

4.4 相关表单模板

▲固定资产台账

▲固定资产清查明细表

▲固定资产增减表

▲现金收支日报表

▲存货核算明细表

▲应收账款日报表

▲应收票据备查表

▲发票使用登记表

审计报告表

年 月 日

审计项目	审计类别	审计期间	抽样比率	审计结果	备注

批示：

核准人： 复核人： 制表人：

▲审计报告表

资金差异报告表

编制部门： 年 月 日 单位：元

项目	实际数		预计数		比较增减		差异原因说明
	金额	%	金额	%	金额	%	
填表说明	凡实际数与预计数比较，每项差异在10%以上，均由资料提供部门就上月份数填列差异说明。						

核准人： 复核人： 制表人：

▲资金差异报告表

项目资金来源预算表

项目名称： 单位：万元

序号	资金来源	预算数	占总额的比重
1	一、新增投资		
2	1.申请市财政和专项资金		
3	其中：无偿资助		
4	贷款贴息		
5	股权投资		
6	其他		
7	2.国家、省拨款		
8	3.市区财政配套资金		
9	4.单位自有资金		
10	5.协作单位投入资金		
11	6.银行贷款		
12	7.其他		
13	二、已投入资金		
14	其中：国家、省拨款		
15	区市财政配套资金		
16	单位自筹		
17	其他		
	总计		

核准人： 复核人： 制表人：

▲项目资金来源预算表

应收账款坏账损失申请表

编号： 年 月 日

客户名称						
客户代码			业务员			
订单号	开票日期	发票号码	发票金额	欠款金额	申请原因	备注
	合计					
处理意见						
上级主管		申请人				
以上由营销人员填写						
营销部门意见						
财务经理审批						
副总经理审批						
总经理审批						

核准人： 复核人： 制表人：

▲应收账款坏账损失申请表

无形资产及其他资产登记表

年度：　　　　　　　　　　　　　　单位：

项目	年初余额	本年增加	本年摊销	本年减少	年末余额	备注
1.无形资产						
（1）						
（2）						
（3）						
小计						
2.其他资产						
（1）						
（2）						
（3）						
小计						
合计						

▲无形资产及其他资产登记表

应收账款月报表

　　　　　　　　　　　年　　月　　日

名称	欠款总额	本月销售		累计应收	应收未收账款（天）				原因
		数量	金额		1～30	31～60	61～90	90以上	

核准人：　　　　　复核人：　　　　　制表人：

▲应收账款月报表

第5章

优化采购工作
实现降本增效

采购工作看似简单，实则暗藏较多的问题，一旦处理不当，可能导致企业生产出现问题，成本增加甚至企业利益受损。因此管理者需要掌握方法和要点，进行合理管控，实现降本增效。

5.1 采购工作管理要点

对于企业而言，采购工作的好坏往往决定企业的生产经营能否有序进行。作为企业的管理者要善于利用工具对企业的采购工作进行管理，做到心中有数，使企业平稳运行。

5.1.1 采购之前如何明确采购项目

明确采购项目，要求在进行采购之前做好相应的采购计划。采购计划是为维持正常的产销活动，在某一特定的期间内，应在何时购入何种物料以及订购的数量是多少的估计作业。采购计划可以根据不同的分类标准分为不同类别。

按计划期的长短分类。把采购计划分为年度物料采购计划、季度物料采购计划和月度物料采购计划等。

按物料的使用方向分类。把采购计划分为生产产品用物料采购计划、维修用物料采购计划、基本建设用物料采购计划、技术改造措施用物料采购计划、科研用物料采购计划和企业管理用物料采购计划。

按自然属性分类。把采购计划分为金属物料采购计划、机电产品物料采购计划和非金属物料采购计划等。

采购计划的制订应达到下列目的。

- 预估商品、物料采购需用的数量与时间，防止供应中断，影响产销活动。

- 避免采购的商品、物料储存过多，积压资金，占用堆积的空间。

- 配合公司生产、采购计划与资金。

- 使采购部门事先准备，选择有利时机购入商品和物料。

- 确立商品及物料合理耗用标准，以便控制采购商品和物料的成本。

明确了需要采购的物料、商品后，通常需要编制采购计划表，进行上报，经过批准后即可进行采购。因此，管理者可以通过采购计划表了解企业的采购详情，采购计划表模版如图5-1所示。

采购计划表

部门：　　　　　　　　　　　　　　　　　　　　　　　　　　时间：

编号	物资名称	使用部门	型号	规格	单位	单价	数量			预算金额	采购周期	采购方式	订货时间	到货时间	采购负责人
							预采购量	库存量	安全储量						
备注															

图 5-1　采购计划表模板

管理者通过该表可以了解企业采购的具体情况，并进行合理处理。例如管理者如果认为不合理，可以进行批示，要求相关人员重新制订更加合理的采购计划。

拓展贴士 *了解采购预算*

通常在制订采购计划的过程中，还需要编制采购预算，只有进行合理预算才能做到有规划，为企业节省开支。

5.1.2　通过采购管理制度明确采购流程

采购工作不是明确了采购目标就能够直接开展的，采购工作还应当有与之配套的采购流程，让采购人员能够按照流程进行工作。因此企业管理者可以通过建立采购管理制度，来明确采购的具体流程，从而让采购工作更高效。

下面具体来看采购的一般流程，如图 5-2 所示。

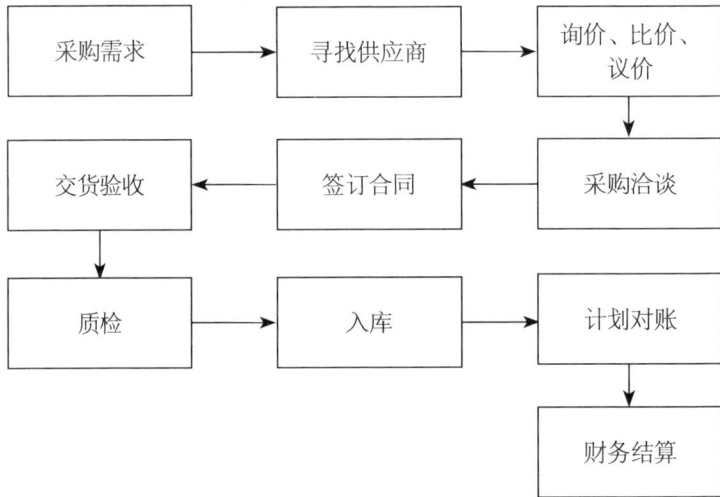

图 5-2　采购的一般流程

图 5-2 为采购流程的主要部分，不同企业因为工作形式和组织结构不同，工作流程可能会有一定的差异，管理者需根据企业具体情况确定采购流程。

建立企业采购管理制度，可以明确各岗位、各环节的责、权及相互关系，明确采购人员的业务操作要求，从而有利于加强考核，有利于在采购部门贯彻按劳分配制度。企业采购管理制度的特点见表 5-1。

表 5-1　采购管理制度的特点

特　　点	具体介绍
文字化	制度不是上级的口头命令或要求，而应以文字的形式固定下来，作为大家共同的行动纲领，对任何人、任何采购活动均起规范作用。文字化的采购制度可以张贴起来，也可以打印成册，分发给每一个采购人员
可行性	任何企业的采购管理制度都应在充分考虑企业内外部条件、企业发展目标、行业特点以及采购人员本身实际情况的基础上制定，应切实可行。切忌照搬照抄和一成不变的采购管理制度，强调采购管理制度在实施贯彻中的切实可行性
严肃性	采购管理制度一旦确定，采购人员应严格地执行，只制定制度而不加强执行与实施的监督，这样的规定、制度是毫无价值的。在实际运作中，对违反制度的采购人员应有相应的惩处措施
协调性	采购管理制度要注重各部门、各岗位之间的协调，把上下级工作、前后环节工作有机地协调与联系起来，以体现集体利益
相对稳定性	采购管理制度已确定，一般短期内不要变动，通常一两年甚至更长时间应保持稳定，便于大家执行。如果经常变动，采购人员刚刚领会了老制度，又出现了新制度，这样就会难以适应。但是也不能长期不变，应顺应外部环境变化

采购管理制度不仅需要明确企业采购流程，还需要对企业采购工作的方方面面进行规范。下面来看某企业的采购管理制度的部分内容。

案例实操 **某企业的采购管理制度**（节选）

某企业近几年发展较好，但是在进行工作总结时发现企业采购工作存在一定的问题，采购工作较为混乱。为了有效解决这种情况，企业管理者组织相关人员制定了采购管理制度。

第一章　总则

第一条　为规范物资采购管理工作，维护公司利益，根据相关法律法规，结合公司实际情况，制定本办法。

……

第二章　采购范围及方式

第六条　采购范围。

（一）办公用品及物耗类：办公设备、办公家具及办公用品、电子及通信设备、劳保用品、印刷品、维修维保物资和员工食堂物资物料等。

……

第七条　采购方式，根据不同的资金额度可采用不同方式。

（一）定点采购：单笔每次 5 000 元及以上的采购采取定点采购方式进行采购。

（二）公开采购。

1. 办公用品及物耗类、服务类单笔每次预算金额在 3 万元及以上的采用公开采购方式。

2. 工程类单笔每次预算金额在 5 万元及以上的采用公开采购方式。

（三）集中采购：年度预算中电脑、服务器、打印机和复印机等通用办公设施设备及物资的采购预算，经总公司汇总数量及金额后，汇总预算金额 5 万元及以上的通用办公设施设备及物资，由总公司组织集中采购，汇总预算金额在 5 万元以下的由公司自行组织采购。

（四）零星采购：购买的物资物品不在定点采购、公开采购或总公司集中采购范围内，属于比较特殊需求商品，且单价较低，用量单一，属于一次性购买的商品，采取零星采购方式。

第三章　采购程序

第八条　定点采购，由综合部主导，总公司财务参与，通过货比三家或公开招标择优确定定点采购供应商，签署定点采购协议。采购时，由使用部门提出申请（附件1），公司负责人批准后，到定点供应商处采买，定期结算和支付。

……

第四章　审计监督

第二十一条　每年接受总公司定期、不定期组织单项或专项采购检查，对物资采购进行事前、事中、事后，预算、结算的随机抽审，并予通报审计检查结果。

第二十二条　公司参与采购活动的所有工作人员，包括使用部门、综合部和财务部有关人员，应严格遵守相关纪律，自觉接受监督和审计质询。

……

第五章　附则

第二十六条　物资采购相关资料由各公司采购部门和财务部门分别留存。

第二十七条　本办法由公司财务部负责解释。

……

从该企业的采购管理制度可以看出，该制度不仅对企业的采购程序进行了规范，还对采购的其他方面进行了规范。

首先明确了采购范围，对采购物品进行了分类，然后确定了不同的采购方式，如定点采购、公开采购、集中采购和零星采购等。

接着明确了企业的采购审计工作，企业会不定期组织相关人员进行采购检查，并将检查的结果进行通报。

5.1.3　如何在采购过程中获得最佳价格

用最低的成本进行采购是所有企业都希望的，然而实际上供应商也需要赚钱，因此企业通常只能寻找一个合适的价位进行采购。那么如何与供应商进行博弈，争取一个合适的买点就显得尤为重要。

（1）直接采购

直接采购是大部分企业常用的一种采购方式，企业管理者需要注意提升采购人员的价格谈判技巧，这样才能帮助企业获得较好的价格，下面具体介绍采购价格谈判技巧，见表5-2。

表5-2　采购价格谈判技巧

技　巧	具体介绍
直击产品成本	采购人员可以要求供应商提供所有成本资料，通常正规的或进口材料应当有成本资料。就国外货品而言，请总代理商提供一切进口单据，以便查核真实的成本，然后加计合理的利润作为采购的价格
间接议价	在开始商谈时，最好先谈一些不相关的话题，并使双方放松心情，慢慢再引入主题。在议价协商时，对供应商所提价格尽量表示困难。另外，尽量避免书信或电话议价，而要求面对面接触
欲擒故纵	由于买卖双方势力均衡，任何一方无法以力取胜，采购人员应该设法掩藏购买的意愿，不要明显表露非买不可的心态，否则被供应商识破非买不可的处境，将使采购人员处于劣势 通常，若采购人员出价太低，供应商无销售意愿，则不会要求采购人员加价；若供应商虽想销售，但利润太低，会要求采购人员酌情加价。此时，采购人员的需求若相当急迫，可同意略加价格，迅速成交；若采购人员并非迫切需求，可表明绝不加价的意思，供应商极可能同意买方的低价要求

技　巧	具体介绍
差额均摊谈判	买卖双方议价的结果存在着差距，若双方各不相让，则交易将无法达成，采购人员无法取得必需的商品，供应商丧失了获取利润的机会，双方都是输家。因此，为了促成双方的交易，最好的方式就是双方各退一步，即将双方议价的差额各承担一半，结果双方都是赢家
示弱式谈判	由于采购人员没有能力与供应商议价，有时会以预算不足作借口，请求供应商同意在其有限的费用下，勉为其难地将货品卖给他，而达到减价的目的。一方面采购人员必须施展"动之以情"的议价功夫，另一方面则口头承诺将来"感恩图报"，换取供应商"来日方长"的打算
寻找源头	有些单一来源的总代理商对采购人员的议价要求置之不理，使采购人员难以进行议价。此时，若能摆脱总代理商，寻求原制造商的报价将是一个好办法

根据企业规模不同，进行议价的人员也不同，有的企业由采购人员和专门的议价人员负责进行议价，这时议价人员的能力和经验将在一定程度上影响企业的采购成本；有的企业只有采购人员，采购人员负责议价，采购人员的能力将决定企业的采购成本。这一点需要企业管理者注意，负责议价的人员至关重要。

（2）询价采购

询价采购指采购人向有关供应商发出询价单让其报价，采购人在报价基础上进行比较并确定最优供应商的一种采购方式。

询价采购并不适合所有企业，企业管理者需要根据自身实际情况选择是否采用询价采购。询价采购适用条件如下：

- 技术规格统一的货物。
- 货源充足。

- 价格变化幅度小。

以上条件最好全部满足再使用询价采购方法。此外，使用询价采购需要注意以下三点。

- 邀请报价的供应商数量至少为三家。

- 报价的提交形式可以采用电传或传真形式。

- 报价的评审应按照买方公共或私营部门的良好惯例进行。采购合同一般授予符合采购实体需求的最低报价的供应商或承包商。

询价采购通常不会对产品质量进行细致考量，因此在操作中存在一些问题，企业管理者需要注意。

- 询价信息公开面较狭窄，局限在有限的少数供应商。

- 询价采购出现超范围适用，法律规定适用的是通用、价格变化小、市场货源充足的采购项目，实际工作中则是以采购项目的概算大小来决定是否采用询价方式。

- 询价过于倾向报价，忽视对供应商资格性审查和服务质量的考察。

- 确定被询价的供应商的主观性和随意性较大。

5.1.4 把握选择优质合作伙伴的技巧

选择优质合作伙伴也就是选择合适的供应商，这样能够尽量避免进行采购询价，保证企业生产经营所必需的材料能够按时供给。除此之外，在长期合作的供应商处也更容易获得采购优惠，节省成本。

那么对于企业而言，哪种供应商属于优质合作伙伴呢？管理者首先要明白供应商和企业是合作伙伴的关系，双方是利益共同体，因此在挑选供应商时除了考虑价格与付款条件外，还要从以下几点进行筛选。

商品质量。这是首先应考虑的问题，过硬的产品质量才可以赢得用户的信赖，虽然价格低有利于产品的销售，但是要在保证产品质量的前提下，这样才有利于培养长期客户。

较低的成本。在保证质量的前提下，供应商给出的价格越低，越有利于产品的销售，才能产生更多的收益。

整体服务水平。在选择供应商时应该详细了解其售前售后有哪些服务，比如培训、安装、技术支持以及能定期提供市场原材料行情等。

能否及时交货。在交易中，按时交货是非常重要的，一个不能按时交货的供应商是不会受到欢迎的。

供应商内部组织是否完善。只有供应商内部组织运行稳定，有较好的发展前景，购买其产品的企业才不会因为变动而招致不必要的损失。

供应商质量管理体系是否健全。产品是所有经济活动的核心，只有保证了产品质量，后续的经济活动才有继续的可能。而产品质量的保证最有说服力的表现就是质量管理体系健全。

在选择供应商时，企业管理者可以和采购相关人员、材料使用人员等共同进行筛选，通过以上方法筛选出不符合企业需求的供应商。通常在筛选过程中会使用供应商评价表（表5-3）对供应商进行评估。

表5-3　企业供应商评价表

供应商名称					
联系人		电话		备注	
		传真			
提供产品名称		产品执行标准			

续表

序号	指　　标		
1	质量体系	□质量体系认证　　　□无	
2	执行标准	□能执行标准　　　□无标生产	
3	生产能力	□超过历年最高销售量　　　□基本满足　　　□不满足	
4	生产方式	□流水作业成批生产　　　□单件生产	
5	设计能力	□自行设计　　　□能设计简单产品　　　□不能设计	
6	产品质量	□优　　　□良　　　□一般	
7	服务情况	□优　　　□良　　　□一般	
8	按时交货	□较好　　　□一般　　　□较差	
评审意见	评论人：　　　　年　　月　　日		
评审结论	评论人：　　　　年　　月　　日		
年度复评记录	年度 是否继续列入合格供方	批准	时间
	年度 是否继续列入合格供方	批准	时间
	年度 是否继续列入合格供方	批准	时间

5.2　采购成本控制的重点详解

采购工作的重点是要采购到企业需要的产品或原料，在此基础上还需要考虑成本的控制，尽量用较少的资金获得较多的产品或服务。

5.2.1　了解评价采购部门工作情况的要点

在保证采购质量的基础上，评价采购部门的工作情况主要可以通过采购完成率进行评价。

采购完成率可以通过本月累计完成件数和本月累计请购件数比较得出。其中完成件数有两种计算标准，一种是由采购人员签发请购单时计算，另一种是在供应商交货验收完成后才计算。

采购完成率是衡量采购人员努力工作的重要标准。但是，如果采购人员为提高采购的完成率，使议价流于形式或草率议价，这就得不偿失。这一阶段企业管理者需要注意。采购完成率计算公式如下：

采购完成率＝本月累计完成件数 ÷ 月累计请购件数 ×100%

采购完成率数值越大，说明采购人员工作越努力。但是如果采购人员单纯追求采购完成率，有可能会降低议价的效果，对企业不利。所以不能单独以该指标来衡量采购人员的工作能力，要与其他指标配合使用。

下面通过具体的案例来看如何通过采购完成率评价采购部门员工的工作情况。

案例实操 通过采购完成率评价采购部门员工的工作情况

某企业主要从事木材加工，每月都需要采购大量的木材。由于企业采购人员的工作质量较高，且都按照采购规则进行工作，并不存在损害企业利益的情况，因此，经过该企业的管理者协商决定，通过采购完成率评价企业的采购情况。

今年1~4月企业的某项木材原料的目标采购分别是145 000千克、146 000千克、170 000千克和175 000千克，目标采购完成率都为90%。

实际上在4个月份中，各月的实际供货量为145 120千克、144 000千克、144 000千克和165 000千克。经过计算，最终结果见表5-4。

表5-4　企业采购完成率计算

项　　目	1月	2月	3月	4月
计划采购数量（单位：千克）	145 000	146 000	170 000	175 000
实际供货数量（单位：千克）	145 120	144 000	144 000	165 000
采购完成率	100.08%	98.63%	84.71%	94.29%
目标完成率	90%	90%	90%	90%

从表5-4可以发现，该企业的采购部门在1月、2月和4月都很好地完成了采购任务，实际采购率超过目标采购率，只有3月的采购完成率低于目标完成率，说明当月采购部门的工作情况不是很好。

通过以上案例可以发现，在不考虑员工主观消极怠工的情况下，可以通过采购完成率来评价采购部门的工作情况。

5.2.2　明确企业采购成本控制不佳的原因

采购一直是影响企业盈利能力的关键因素。对很多制造业企业而言，外部采购占据企业费用的较大部分。因此采购费用的降低将对企业的盈利产生重大影响，如何运用有效的采购成本控制方法对企业来说至关重要。

很多企业在采购成本控制中存在以下问题，管理者需要引起重视。

◆ 没有制订完善的符合实际的采购计划

很多企业不做原料生产用量预算或计划粗略，在采购前没有认真测算，结果多订货，造成大量存货积压，占用大量资金，花费大量的仓储费和保管费；或者少订货，出现原料短缺，停工待料，影响生产进度，造成设备、人工的闲置成本上升。

许多企业的材料采购批量往往比较随意，忽大忽小，常常忽视经济采购量；而有的企业是不制订采购计划或虽有计划却过于简略。

◆ 在采购询价方面的疏忽

要做好采购询价管理，需要充分利用计算机管理系统，借助网络优势，快速地浏览和获取需要的信息，从而顺利进行采购询价管理、得到最终询价结果。

◆ 确认和签订采购合同的实际操作中存在漏洞

一般都要考虑不少于两家供应商，具体要充分考虑供应商的品质性能、供应能力、历史信誉以及生产连续性等。

在签订合同之前，需要对合同类型进行选择，因为不同的合同类型决定了风险在买方和卖方之间的分配；采购的目标是把最大的实施风险放在供应商身上，把自身风险降到最低，同时使利润最大化。

◆ 采购系统、岗位不完善

如果采购相关员工之间狼狈为奸、相互勾结，为索取回扣等个人利益而不惜牺牲单位利益，则购货价格可能不低反而偏高。这就表示企业采购系统存在问题，有待完善。

企业针对采购工作需要设置不同的岗位，使采购权利不要过分集中，需要互相制约和监督，同时又不要影响各岗位人员的工作积极性，这需要管理者进行权衡。

◆ **人员选择不合理，标准不统一**

采购人员应当具备一定的专业能力和沟通能力，具有法律意识且为人清廉，还要尽量避免项目最高管理者（如项目经理）的直系亲属担当采购总负责人。

对一线采购人员来说，还是不可避免地会遇到供应商主动抛出的种种诱惑，此时防止诱惑背后的陷阱设置，就需要采购人员本身具备良好的职业素质和法律意识。

5.3 相关表单模板

采购合同登记表	
合同编号：	年　月　日

设备名称		数量	
规格型号		采购方式	
使用部门		经费来源	
供应厂商		成本价	
		合同价	
参与合同谈判人员			
经办人			
科室负责人			
部门负责人			
备注			

物品请购单							
编号：					编写日期：　年　月　日		
请购部门					负责人		
序号	名称	规格型号	单位	数量	用途	使用期限	备注
1							
2							
3							
4							
5							
6							
7							
8							
9							
10							
11							
部门主管审批							
公司领导审批							
总经理审批							
生产总监		部门总监		复核		制表	

▲采购合同登记表　　　　　▲物品请购单

采购询价记录表

采购项目	名称				数量	
	规格型号					
报价情况	供应商	原报价	议后价	付款方式	交期	
评定结论	评议结论：					
	经办人：		批准人：		日期：	

▲采购询价记录表

采购物品明细表

编号：　　　　　　　　　　　编写日期：　　年　月　日

序号	品名	型号	分类	年进货	供方名称	电话	联系人	是否合格供方

注：1.A类是对最终产品有较大影响的采购物资。
　　2.B类是对最终产品有影响的采购物资。
　　2.C类是对最终产品基本上没有影响的采购物资。

▲采购物品明细表

材料定期采购计划表

编号：　　　　　　　　　　　编写日期：　　年　月　日

材料品名	规格	估计月耗量	订购交货日期	每日耗用量	每月耗用量	保险存量	最高存量	每次订购数量	备注

生产总监：　　　　部门总监：　　　　复核：　　　　制表：

▲材料定期采购计划表

交货进度明细表

编号：　　　　　　　　　　　日期：　　年　月　日

订单编号			物品		
总量			备注		
原定交货情况		实际交货情况		差额	需采取的措施
日期	数量	日期	数量		
填表人签名			审核人签名		

▲交货进度明细表

物料跟催单

编号：　　　　　　　　　　　日期：　　年　月　日

生产号码	订单号码	供应厂商	物料编号	订购数量	物料计划							累计
---	---	---	---	---	一	二	三	四	五	六	日	

制作人：　　　　　　日期：

▲物料跟催单

询价结果一览表

购　字第　　号　　　　　　　　编写日期：　　年　月　日

请购单编号	材料编号	规格说明	单位	数量	说明
报价须知	交货期限	□需于　　年　　月　　日以前交清　□订购后　　天内付清			
	交货地点				
	付款办法	□交货验收合格后付款　□试车验收合格后付款			
	订购方法	□分期订购　□总金额为准			
报价期限	请于　　年　　月　　日　　时以前予以报价				

▲询价结果一览表

采购计划表

合同编号：　　　　　　　　　　　　　　　　年　　月　　日

序号	名称	规格	物资采购厂家	单位	计划数	库存数	采购数	要求到货日期	备注

▲采购计划表

采购数量计划表

No.

供应商	本日存货		本日存货耗用期限	订购日期	申请日期	开出日期	运输			总存量
	日期	数量					吨	发出时间	到达时间	

▲采购数量计划表

第6章

严控企业生产研发
保障生产经营秩序

　　生产是制造企业的主要工作，而研发是服务于生产的，可使企业能够生产更好的产品，因此做好生产研发管理意义重大。对此，管理者的管理重点在于了解企业生产研发现状，进行合理管控，促进发展。

6.1 快速把握企业生产经营状况

企业的生产经营是企业的主要任务，管理者虽然不用细致地了解企业的各项经营情况，但是需要整体把握企业的经营状况，在充分了解的基础上才能够管理好企业。

6.1.1 如何把握生产进度

生产进度控制，又称生产作业控制，是在生产计划执行过程中，对有关产品生产的数量和期限的控制。其主要目的是保证完成生产作业计划所规定的产品产量和交货期限指标。

生产经营是企业的重中之重，为了合理化安排和保护企业各项生产，管理者掌握企业生产进度很重要。

生产进度控制可以分为以下几个方面。

事务进度控制。从接到客户订单后，进行销货计划协调、生产计划的编排、物料的分析、物料的请购和物料的订购等进度控制。

采购进度控制。接受物料控制部门人员的请购单后，进行供应商选择、比价、议价、采购和跟催等采购进度控制，包括外发加工的进度控制。

进货检验进度控制。物料进厂进行检验或试验，若遇有异常情况，就在限定时间内完成。

生产进度控制。生产时的进度，由制造部门管理人员适时地反馈给计划部门人员，用来适当调整进度。

在进行生产进度控制时，通常需要了解一些常见的进度控制工具，具体介绍见表6-1。

表 6-1　常见进度控制工具

工　具	任　务
各种图表	采购方面的物料进度、生产上的进度和出货进度等可绘制折线图、柱状图等图表在看板上，可随时掌握各方面的进度情况，加以控制
各类报表	如利用生产日报表、周报表、月报表，可掌握日、周、月的生产进度，以便更好地加以控制。利用采购进度控制表对采购进度加以控制，掌控好物料的进度
进度控制箱	如采购跟催箱，按日期分成 31 格，将当天要跟催的事务放入到当天的格中，按日跟催
电脑系统	如有的公司建立 MRP/ERP 电脑系统，能自动生成各类进度控制表格和图表，如采购进度表、生产进度表等，方便进行进度控制

通过表格控制生产进度是较为常用、也较为简单的一种方法。例如通过生产进度追踪表即可掌握生产进度，生产进度追踪表见表 6-2。

表 6-2　生产进度追踪表

序号	订单号码	客户代码	生产型号	订单数量	计划产量	指定完工日期	实际生产		
							日期	产量	累计

通过表 6-2 即可发现，只要负责生产的相关人员准确填写生产数据，企业管理者便可以通过表格数据快速了解企业的生产进度。

另外，管理者还可以通过表格了解企业的产品订单信息，从而对比客户预订产品量和企业生产的数量，如果差距较大，需要进一步分析存在的问题，提前采取措施。

6.1.2　如何安排产品的生产顺序

安排产品的生产顺序，就是制订合理的生产计划，使企业能够在客户需求的时间内完成生产。这对于企业来说比较重要，因为企业通常会与客户签订协议约定交货时间，如果企业不能按时交货，就可能要赔偿。

那么，制订生产计划就显得尤为重要，如果计划出错，生产工作则难以完成，下面具体介绍制订生产计划需要遵循的原则。

- **最少项目原则**：用最少的项目数进行生产计划的安排。如果生产计划中的项目数过多，会增加预测和管理的难度。因此，要根据不同的制造环境，选取产品结构不同等级，进行生产计划的编制。

- **独立具体原则**：要列出实际的、具体的项目，以及生产计划应该列出的实际要采购或制造的项目。

- **关键项目原则**：列出对生产能力、财务指标或关键材料有重大影响的项目。对生产能力有重大影响的项目，指的是那些对生产和装配过程起重大影响的项目，如制造费用高、含有贵重部件或昂贵原材料、高费用的生产工艺或有特殊要求的部件项目。

- **全面代表原则**：计划的项目应尽可能全面代表企业的生产产品。反映关于制造设施，特别是瓶颈资源或关键工作中心等尽可能多的信息。

* **适当余量原则**：留有适当余地，并考虑预防性维修设备的时间。可把预防性维修作为一个项目安排在生产计划中，也可以按预防性维修的时间，减少工作中心的能力。

* **适当稳定原则**：生产计划制订后在有效的期限内应保持适当稳定，避免经常修改。

在企业生产过程中，不同的产品可以同时安排生产，而对于同一类产品则需要安排生产的先后顺序。通常需要考虑以下指标，如图 6-1 所示。

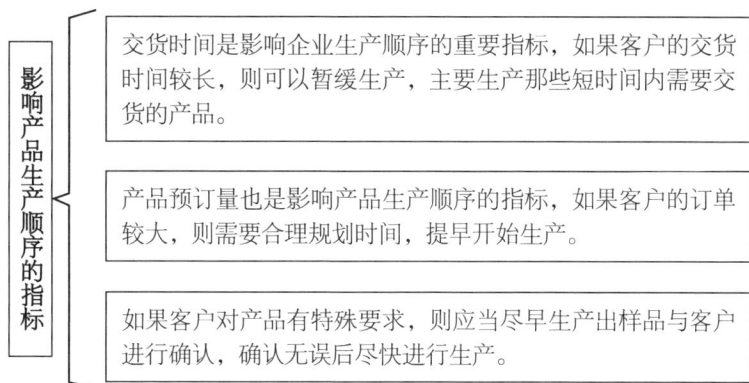

影响产品生产顺序的指标

交货时间是影响企业生产顺序的重要指标，如果客户的交货时间较长，则可以暂缓生产，主要生产那些短时间内需要交货的产品。

产品预订量也是影响产品生产顺序的指标，如果客户的订单较大，则需要合理规划时间，提早开始生产。

如果客户对产品有特殊要求，则应当尽早生产出样品与客户进行确认，确认无误后尽快进行生产。

图 6-1　影响产品生产顺序的指标

企业接到订单后，就应当进行充分考虑，确定合理的生产时间，保证时间充裕，避免中途赶进度，这样不仅会增加员工的负担，也可能导致一些纰漏或出现产品质量问题。

通常，订单安排表中即可查看到一类产品的订单信息，包括产品规格、订单量、接单日期和交货期等。管理者通过订单安排表即可初步了解企业的订单生产顺序。

表 6-3 为订单安排记录表。

表 6-3　订单安排记录表

月　　日至　　月　　日　　　　　　　　　　　　NO.

产品名称		产品编号		规格			
订单编号	接单日期	规格样式色泽说明	数量	交货期	合并记录	制造令号	完工记录

通过表 6-3 即可快速了解其产品订单的具体情况，安排顺序则是从上至下依次进行。

6.1.3　实时把控企业的生产效率

生产效率指固定投入量下，制造过程的实际产出与最大产出两者间的比率，可反映出达成最大产出、预定目标或是最佳营运服务的程度。

对于企业而言，生产效率越高，企业的效益通常越好，能够生产的产品就越多。因此，企业管理者要能够实时把控企业的生产效率，发现其中存在的问题，并及时解决。

要把控生产效率，管理者首先需要知道生产效率如何计算，计算公式如下：

生产效率＝（当天实际产量×标准工时）÷（当天出勤工时－除外时间－人力支援时间）×100%

- **标准工时**：指在正常情况下，从零件到成品直接影响成品完成的有效动作时间，其包含直接工时与间接工时。即加工每件（套）产品的所有工位有效作业时间的总和。

- **当天出勤工时**：所有工作人员的工作时间总和，即"人数×时间"。

- **除外时间**：指造成现场停止生产或受客观条件影响造成停线、返工的工时。

- **人力支援时间**：加班或增加人数的工作时间。

案例实操 某企业生产效率的计算

某企业从事零件生产，对现有各个工位（熟练工人）所有的有效工作时间进行测定，并充分考虑各项因素，测得标准工时为3分钟。

该企业某工作组一天8个小时的生产量为600个，共有5个人参与生产，其中有两个零件存在问题，进行了返工，两个人花费了6分钟。那么该工作组的效率如何呢？

根据上述计算公式，该工作组的生产效率计算公式如下：

生产效率＝（600×3）÷（5×8×60−2×6）=75.38%

通过计算得出该小组的生产效率为75.38%，然而在实际工作中，企业管理者通常不需要自己去计算企业生产效率，只需能够看懂生产效率记录表，即可快速了解企业的生产效率情况。

下面来看生产效率记录表模板，见表6-4。

表 6-4　生产效率记录表

单位：   月份：

日期	工作人数	实际工时	平均工时效率	机器使用率	平均用料率	本日生产项目

表6-4提到了平均工时效率，平均工时效率又叫人均工时效率，其计算公式如下：

平均工时效率 =（实际工作工时 - 加班工时）÷ 制度工作工时 ×100%

公式中，实际工作工时等于制度工作工时减去缺勤工时、非生产工时和停工工时，再加上停工工时中的被用工时和加班工时。

通常情况下，平均工时效率越高，相应的工作效率就越高，因此管理者可以通过平均工时效率的变化来分析企业的生产效率。

6.2 管理者需要做好生产管理

了解了企业的生产状况后，企业管理者就需要学会如何做好生产管理，协调好产销关系，把控产品质量和成本，使企业生产工作有序高效地进行。

6.2.1 产销关系需要重点协调

产销协调，通常指企业的生产能力与销售需求之间的匹配关系。这种匹配关系往往被狭义地理解为简单的数量上的匹配关系，但是事实上，这种匹配关系的核心在于"协调"，管理者要注意。

产销协调通常应该包含以下四个维度。

生产的制造能力与销售的产品需求是否匹配。这一维度的协调性表现在企业在现有的工艺、技术、设备以及人员技能等条件下能够制造出满足销售需求的产品功能和性能上。

生产的负荷能力与销售的数量需求是否匹配。这一维度的协调性表现在企业现有的人员和设施等条件下，如果满足销售的交付时间要求，日均产量不会远超过正常生产负荷。一般情况下，如果日均产量超过正常生产负荷的10%以上，就已经算是不匹配、不协调了。

企业的交付能力与销售需求的交付时间是否匹配。这一维度的协调性表现在企业整体的交付能力，包含订单信息处理、物料的采购与准备、生产加工和仓储物流等各个与订单实现相关的流程能够满足销售需求的交付时间。

企业的成本控制能力与销售需求的产品成本是否匹配。这一维度的协调性表现在现有的资源投入条件下，产品的实际销售成本能够满足销售期望的利润空间。

现实情况中，有一些特殊情况需要管理者注意，因为这些情况通常会导致产销关系不协调，具体如图 6-2 所示。

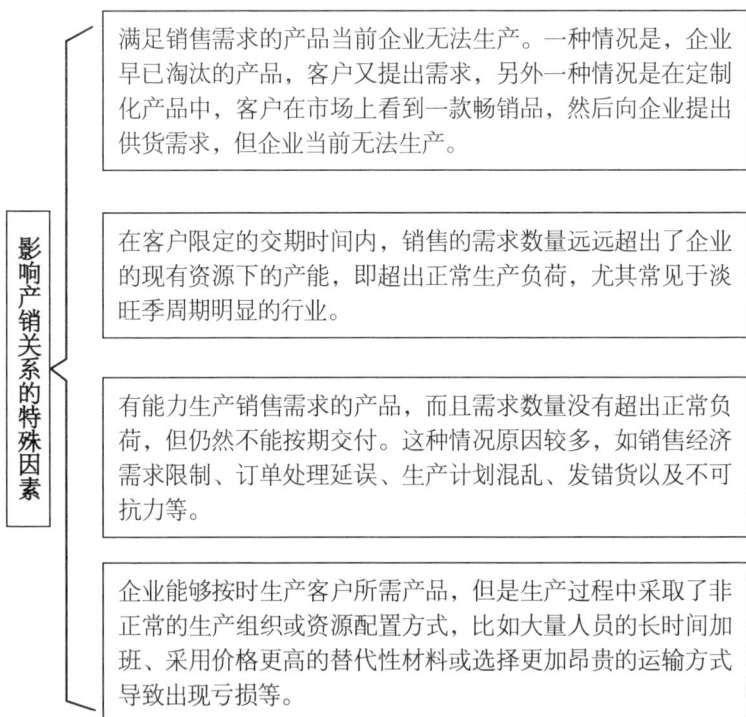

图 6-2　影响产销关系的特殊因素

那么对于企业管理者而言，应当如何正确处理产销关系，才能有利于企业发展呢？具体方法见表 6-5。

表 6-5　协调产销关系的方法

方　　法	具体介绍
根据总需求配置产能	这里的总体销售需求一般按年度来计算，比如预计 2021 年 A、B、C 产品需求分别为 20 万件、10 万件和 30 万件；产能资源包括人员、设备和场地等；基本匹配指产能与需求的缺口差额一般不超过 10% 为宜，这 10% 可以通过前期的适当加班弥补以及作为持续不断的改善目标。如果现有资源产能与需求的缺口差额超过 10%，一般需要另外投入资源来满足销售需求
健全和优化计划与物控职能	一方面做好生产计划，对淡旺季的需求波动结合库存情况进行分析和过滤，使生产基本均衡化，不出现产能利用不足和生产负荷过载；另一方面，做好物料管理和控制，在保证生产现场稳定、均衡的前提下，实现原物料、在制品和成品这三类库存的最少化
做好产品线管理	产品线的长度、宽度与企业现状不匹配，都会造成一定的资源浪费。此外，销售部门为了提升业绩可能随意接单。因此企业应当加强产品线管理，及时更新，形成企业《有效产品目录》，做好与客户的信息传递和沟通
降低产品综合成本	其实产品的成本不只包含生产成本，从产品价值的实现过程来看，产品成本大体可以分为开发成本、物料成本、加工成本、物流运输成本及售后服务成本等。从企业整个财务体系来看，产品成本大体可以分为生产成本、费用分摊（管理费用、销售费用和财务费用）。企业应系统分析某个产品或产品系列的成本，找准关键，对症下药

6.2.2　产品质量需要重点把控

企业管理者需要明白，要做好产品质量控制，虽然需要加强产品质量检测，但更为重要的是做好质量预防，避免出现有质量问题的产品。这就需要管理者转变思维，将质量管理的重点放在前期生产环节。

管理者要做好产品质量控制，可以从以下几个方面入手。

考虑人的问题。企业内部应当有各项指标来检验生产人员的素质问题；

提升员工产品质量意识，加强对职工的业务培训、训练。

工艺问题。 提升生产工艺水平，确保产品质量，加强生产工艺审核。

管理问题。 产品质量问题落实到工作环节，落实到具体责任人。产品质量问题定期落实考核并单独列示，生产布局随时调整，适宜实际情况。

完善制度。 建立严格的、稳定的质控制度与考核方案，完善生产管理制度，对员工工作起到规范作用。

以上是企业管理者在产品质量控制中需要重点考虑的问题，除此之外，不同企业还存在一些特殊的问题需要进行单独考虑。

管理者在实际工作中，通常不会详细了解企业的生产状况，而是通过产品质量合格率统计表中的合格率数据来看产品的质量。首先来看产品合格率的计算公式。

$$产品合格率 = 合格产品数 \div 产品总数 \times 100\%$$

产品质量合格率统计表模板如图 6-3 所示。

产品合格率统计表

车间：

序号	产品名称	产品数量	合格数量		不合格数	合格率		记录日期	记录人	备注
			一次性合格数	加工/返工数		一次性合格率	返工率			

图 6-3　产品合格率统计表模板

从该模板中可以发现，产品合格数包括一次性合格数和加工／返工数，通过以上数据即可计算出产品的合格率。

案例实操 某企业服装生产合格率计算

某企业主要从事服装生产，2020 年 9 月总共生产了 20 000 件某样式的秋季运动装，其中一次性合格品为 19 400 件，200 件经过返工后达到合格标准，最终存在 400 件不合格产品。已知该企业要求该类产品的合格率必须达到 96%，则可以计算该企业产品合格率是否达标。

产品合格率 ＝（19 400+200）÷20 000×100%＝98%

通过计算可以得出，产品合格率为 98%，已经超过企业规定的 96%，因此产品合格率达标。

6.2.3 了解降低生产成本的措施

生产成本通常是企业十分关注的问题，降低成本也是所有企业都想要实现的目标，然而许多企业管理者在如何降低成本时则考虑得不全面，或是存在一定的偏差，导致效果不佳。

为了解决这些问题，这里将介绍管理者应当了解和掌握的降低企业生产成本的措施。

◆ **转变采购方式**

企业可以采取签订年度采购协议，按照年度采购量协商采购价格，明确全年的采购量的方式获得采购价格的优惠。但是需要注意的是，签订年度协议可能存在价格变动风险。

◆ **注重材料标准化、材料通用性来降成本**

在研发阶段需要对产品生产所需的材料建立材料标准库，便于研发人员减少新物料供应商的选择、新物料的试用和质量不稳定等风险，可以节省研发时间，减少新材料的种类，也能促使新研发人员更快地开展新产品研发。

产品的不同系列之间的规划，应尽量采用相同的材料或者替代物料，研发人员和采购人员应尽量寻找替代价格低的物料，同时需要对老产品替代物料的运用提供激励措施，使得材料采购能够达到规模效益。

◆ 工艺降成本和技术降成本

鼓励新工艺是降低产品成本的激励措施，同时研发人员也可以采用新技术改进现有的产品，在功能和性能不下降的情况下使得产品成本下降；加大新生产设备的投资，减少质量损失，进而降低产品的隐形成本。

◆ 精简组织结构

对组织结构进行精简，保证企业结构合理，减少基层管理人员，进而减少不必要的岗位和工资支出，降低成本。

◆ 优化工作流程

对企业现有流程进行优化、简化，减少内部运作、沟通和监控的成本，达到成本下降的目的。

◆ 加强库存控制

降低现有的库存规模，细化现有的管理流程，加强对月度呆滞物料、安全库存的监控，提高库存周转率，转换库存管理思路，防止资金沉淀。

◆ 加强对人员的内部培训管理

加强内部培训，使企业员工在学习中成长。也可以通过外部培训、鼓励员工取得专业职称等方式提高部门员工的技能水平和营运效率，进而产生直接效益，从而间接降低企业营运成本。

6.2.4 建立和完善生产管理制度

企业的生产管理工作如果仅仅靠相关管理人员进行管控显然是不够的，要使企业员工按照一定的规范进行工作，就需要建立生产管理制度进行规范。

生产管理制度应当包含企业生产活动的方方面面，这就要求生产管理制度完善，这样才具有指导意义。要实现以上要求，需要从以下几方面着手进行。

- 建立健全合理的职能体系，使企业组织成员有效地实行专业化分工和相互协调。
- 建立健全合理的组织机构，从而保证企业决策的制定和执行。
- 建立健全有效的权力系统，使企业组织成员能够接受并执行管理者的决定。
- 建立健全有效的激励机制，能够引导员工在行动上对企业的经营目标做出贡献。

案例实操 某建材企业的生产管理制度（节选）

第一章 总则

第一条 为加强生产管理，规范员工行为，明确责任权限，调动积极性，特制定本制度。

第二条 通过生产计划、组织、控制和管理，降低成本，实现总体目标。

……

第二章 计划

第六条 根据总体经营计划，每年年底前，要编制好第二年生产计划。当月月底前编制好下月的生产计划，确定产品品种、数量、质量和交货日期。

......

第三章　生产

第十六条　根据生产特点和规模变化，构成基本生产、辅助生产、生产服务和附属生产整个生产过程。

......

第四章　设备

第二十四条　依照标准对设备规定部位，通过人的感觉或仪器，测定设备性能有无异状，及时发现问题，妥善处理。

......

第五章　原料

第三十一条　接到采购部购进原料通知，要确定货位，做好入库准备工作，待品管部通知入库，才能办理入库。卸完货后，要做好清洁卫生工作。

......

第六章　成品

第四十条　每天生产入库的产成品，要分品种填制成品交接单，交料人和收料人都要签字。对入库的产成品，要堆放整齐，妥善保管。

......

第七章　仓库

第四十七条　仓库是公司物资供应体系的一个重要组成部分，是公司各种物资周转的环节，同时负担着物资管理的各项业务职能。它的主要任务是：保管好仓库物资，做到数量准确、质量完好，确保安全，收发迅速，面向生产，降低费用，加速资金周转。

......

第八章　搬运

第七十一条　遵守公司各项规章制度，热情接待客户，服务周到，不准索要物品、发生争吵或打架斗殴。

……

以上是该企业的生产管理制度的大致结构，内容上较为完善，包含了生产管理的大部分内容，如生产计划、生产管理、设备管理、原料管理以及成品管理等。

6.3　产品研发管理的要点

由于市场需求处于不断变化中，企业为了适应市场，就需要改进老产品或开发新产品，使其具有新的特征或用途，以满足顾客的需要。产品的研发管理也是需要注意的地方，因为产品研发通常关系到企业的发展。

6.3.1　表格管理研发资金投入

产品研发支出通常对企业来说是一笔较大的开支，并且风险极大，有可能投入了大量的资金、人力和物力却没有研发出好的产品或是研发出的产品并不受市场欢迎。

因此，在进行研发之前或是企业在制订年度计划之前需要进行研发费用的预算。

人工费用。 从事研究开发活动人员的（也称研发人员）全年工资薪金，包括基本工资、奖金、津贴、补贴、年终加薪、加班工资以及与其任职或者受雇有关的其他支出。

直接投入。企业为实施研究开发项目而购买的原材料等相关支出。如水和燃料使用费；用于中间试验和产品试制达不到固定资产标准的模具、样品、样机及一般测试手段购置费、试制产品的检验费等。

折旧费用与长期待摊费用。包括为执行研究开发活动而购置的仪器、设备和研究开发项目在用建筑物等的折旧费用，以及研发设施改建、改装、装修和修理过程中发生的长期待摊费用。

设计费用。为新产品和新工艺的构思、开发和制造，进行工序、技术规范和操作特性方面的设计等发生的费用。

装备调试费。主要包括工装准备过程中研究开发活动所发生的费用（如研制生产机器、模具和工具，改变生产和质量控制程序，或制定新方法及标准等）。

无形资产摊销。因研究开发活动需要购入的专有技术（包括专利、非专利发明、许可证、专有技术、设计和计算方法等）所发生的费用摊销。

其他费用。为研究开发活动所发生的其他费用，如办公费、通信费、专利申请维护费和高新科技研发保险费等。此项费用一般不得超过研究开发总费用的10%，另有规定的除外。

通常情况下，要了解和预估企业项目开发费用，可以通过研究开发项目费用预算表完成，见表6-6。

表6-6 研究开发项目费用预算表

日期： 　　　　　　　　　　　　　　　　　　　　　　　　　　单位：元

企业技术开发项目情况	开发项目名称		
	项目预期研发时间		
	技术开发项目研发费用预算总金额	企业自筹投入	其他渠道投入
	本年度技术开发项目研发费用预算总金额	本年度企业自筹投入	本年度其他渠道投入

项目本年度预算支出	科　　目	本年预算
	一、研发活动直接消耗的材料、燃料和动力费用	
	二、直接从事研发活动的本企业在职人员费用	
	三、专门用于研发活动的有关折旧费	
	四、专门用于研发活动的有关租赁费	
	五、专门用于研发活动的有关无形资产摊销费	
	六、专门用于中间实验和产品试制的模具、工艺装备开发及制造费	
	七、研发成果论证、鉴定、评审、验收费用	
	八、与研发活动直接相关的其他费用	
	合　　计	

6.3.2 研发进度具体管控，避免超时

在产品研发之前企业应当做好相应的计划，并确定好具体的时间节点，从而方便进行研发进度管控，避免产品研发超时，对企业造成不利的影响。

不仅如此，确定好时间节点还有利于企业管理者了解产品的研发进度，及时进行调整。通常在产品研发之前通过建立新产品开发时间进度表（表6-7），来监控开发进度。

表 6-7　新产品开发时间进度表

客　　户		产品名		接单日期	
阶段	任务	负责人	计划完成时间	进展	备注
P1	项目确定				
P1.1	产品开发计划				
P1.2	可行性分析				
……	……				
P2					
P2.1					
P2.2					
……					

从表6-7可以看出，企业只需要事先规划好产品的研发具体步骤以及大致的完成时间，之后就可以通过该表快速了解项目的进行情况，对落后规定进度的项目要进行调整，具体可以采取增加研发人员、加大费用投入以及加大技术支持等手段。

6.3.3 产品研发管理制度

产品研发管理工作要想顺利实施，所有研发人员都能够遵守要求，就需要制定产品研发管理制度，对产品研发的相关事项进行具体规定，并督促相关研发人员遵守。

案例实操 **某企业的产品研发管理制度**（节选）

1. 总则与目的

......

2. 实施范围

本制度规定了公司技术研发中心开展产品研发的要求。本制度中所指的产品研发包括新产品开发和产品改进。

3. 相关部门职责

3.1 公司营运部经理（总工程师）：负责组织编制年度产品研发计划，向研发部门下达研发项目任务书。负责协调处理研发计划执行过程中出现的需要解决的问题，对计划执行情况进行监督和考核……

4. 产品研发管理

4.1 研发项目的立项与实施研发。

4.1.1 公司各部对新项目建议或对提高产品质量和性能、降低产品制造成本、满足市场需要以及提高经济效益等建议，上报公司批准后，确定立项并下达任务给研发部门，研发部门按本制度规定程序进行开发。

......

4.4 知识产权登记与管理。

4.4.1 在不泄露公司技术秘密的前提下，公司认为有必要申请国家知识产权的研发技术或产品，由研发部门负责提供相关的技术资料和文件。

......

5. 产品研发经费的核算与管理

5.1 公司对研发项目实行经费专项审批制，研发专项经费包括以下内容。

5.1.1 科研业务费：实验材料费、外委试验费、产品鉴定费、知识产权申请费……

6. 加快技术研发和提升技术水平的措施

6.1 公司将定期对研发人员进行培训和考试，对考试不及格和在今后工作中不能熟练掌握相关技术的人员，公司将给予转岗或淘汰……

　　该产品研发管理制度首先规定了制度的适用范围以及各部门和各岗位的职责和权限，然后具体介绍了产品研发管理的具体内容，最后介绍了产品研发费用核算和提升技术水平的措施，对产品研发的主要内容进行了规范，管理者可以根据企业实际情况进行设计和调整。

6.4　相关表单模板

▲生产领料单

▲订单安排记录表

不合格品处理单

文件编号：

产品名称			工序		操作人员	
不合格事项	□进货产品 □过程产品 □最终产品		检查活动		检察人员	
不合格事实描述	性质				数量	
		标准值	实际值		不合格偏离情况	
	数据					
严重程度	□严重	□一般	□轻微		□观察项	
不符合	□技术标准 □图纸	□技术文件 □工艺文件		□合同 □技术协议		
操作人员确认				签字： 年 月 日		
不合格品处置意见	□返工 □返修 □降级使用 □降等接收库 □报废 □建议采取纠正预防措施 □其他					
				签字： 年 月 日		
不合格品处置实施记录						
				签字： 年 月 日		
返工返修后的再检验	分类	□合格	□符合降等标准	□仍不合格		
	数据					
				检查员： 年 月 日		
	处置					

▲不合格品处理单

产品不合格报告

序号：

材料（产品）名称		型号规格		编号：
配套（生产）单位		不合格数量		

不合格原因：

日期：

责任单位不合格品处理：

批准：   日期：

处理结果：

承办人：   日期：

备注：

▲产品不合格报告

生产异常分析表

文件编号：

部门			订单号码			日期		
产品名称			产品型号			预定完成日期		实际完成日期
异常原因	停电	机床故障	等料	人力不足	原料异常	设计问题	流程问题	质量问题 / 其他
原因分析								
处理对策								
生产管理部门意见								
经理批示				签字：				
备注：								

▲生产异常分析表

新产品可行性分析报告表

一、市场分析报告

1.产品开发类别
□创新型 □竞争型 □换代型 □经济型 □系列拓展
□委托型 □其他

2.适销区域、市场细分、市场定位

3.竞争对手及对策、市场前景和销量预测

4.同类产品性能及功能比较分析

5.产品的使用工况、技术要求、验收标准、失效模式及进度要求

6.市场期望的价格和结算方式

7.附件资料

编制		审核		审定	

▲新产品可行性分析报告表

生产进度追踪表

序号	单号	客户号	型号	数量	计划产量	指定完工日期	实际生产					
							日期	产量	累计	日期	产量	累计

▲生产进度追踪表

产销计划拟定表

月份：

名称	单价	销售数量	销售金额	生产数量	生产金额	存货数量	存货金额	材料成本	人工成本	生产费用预计	销售费用预计	利润

总经理： 副总经理： 审核： 填表：

▲产销计划拟定表

生产效率记录表

编码： 生产数量：

日期		目标产量		预计工时		实际产量		实际工时		每工时产量	
月	日	本日	累计	本日	累计	本日	累计	本日	累计	目标	实际

▲生产效率记录表

投入产出统计明细表

单位：Kg 产品型号： 产品名称：

日期	生产批号	投入	产出	包装形式及数量				损耗	备注
				1	4	5	20		

制表人：

▲投入产出统计明细表

第7章

定期数据调研
把握企业发展机遇

企业如果只是埋头生产，不足以应对当今市场发展，在做好生产的同时，还应当进行市场调研，了解市场状况、消费者的具体需求，将调研情况作用于企业生产研发，管理才更具针对性。

12

7.1 企业产品发展市场调研

企业要想在竞争激烈的市场中稳步发展，不仅要了解市场需求，还需要知道企业的产品在市场中的发展情况、销售情况和受欢迎程度。这就需要企业定期进行产品市场调研，了解产品的市场状况。

7.1.1 调查企业产品的市场占有率

市场份额亦称"市场占有率"，主要指某企业某一产品（或品类）的销售量（或销售额）在市场同类产品（或品类）中所占比重。

通常，企业的销售绩效并未反映出相对于其竞争企业的经营状况如何。如果企业销售额增加了，可能是由于企业所处的整个经济环境的发展，也可能是因为其市场营销工作较之其竞争者有相对改善。

市场占有率正是剔除了一般的环境影响因素来考察企业经营工作状况。

①如果企业的市场占有率升高，表明它较其竞争者的情况更好。

②如果企业的市场占有率下降，则说明相对于竞争者其绩效较差。

企业的市场占有率根据不同市场范围有四种不同的测算方法，下面进行具体介绍。

◆ **总体市场**

总体市场指一个企业的产品销售量（额）在整个行业中所占的比重。这样得出的是整体的市场占有率。

◆ **目标市场**

目标市场指一个企业的销售量（额）在其目标市场，即它所服务的市场中所占的比重。一个企业的目标市场的范围小于或等于整个行业的服务市场，因而它的目标市场份额总是大于它在总体市场中的份额。

◆ **三大竞争者市场**

三大竞争者市场指一个企业的销售量和市场上最大的三个竞争者的销售总量之比。如一个企业的市场份额是30%，而它的三个最大竞争者的市场份额分别为20%、20%和10%，则该企业的相对市场份额就是30%÷50%=60%；如果四个企业各占25%，则该企业的相对市场份额为33%。

通常一个企业拥有33%以上的相对市场份额，就表明该企业在这一市场中有一定实力。

◆ **最大竞争者市场**

最大竞争者市场指一个企业的销售量与市场上最大竞争者的销售量之比。若高于100%，表明该企业是这一市场的领头企业。例如甲企业的A产品市场销售量为20 000件，其最大竞争者的同类产品销量为18 000件，则销量之比约为111%，则甲企业是这一市场的领头企业。

企业管理者要想了解企业产品的市场占有率，可以要求相关人员进行市场调查，并将调查结果汇总填入企业产品市场调查分析表中，管理者通过此表即可快速了解企业的各产品的市场销售情况，从而快速得出该企业各产品的市场占有率。

表7-1为企业产品市场调查分析表。

表 7-1　企业产品市场调查分析表

调查项目	产品 A	产品 B	产品 C	产品 D	产品 E	产品 F	产品 G
推出日期							
销售年数							
获利率							
市场占有率							
价格							
品质							
外观							
竞争产品							
竞争产品差异性							
产品改进状况							
代替品现状							
其他							

　　从表 7-1 可以看到，产品调查分析表中不仅调查了与产品市场占有率相关的信息，还包括了各项产品的价格、品质、外观以及代替品现状等，方便企业管理者在了解产品市场占有率的同时掌握产品的相关信息和竞争者产品信息。

7.1.2　对顾客特性进行分析

　　对于企业而言，要想提高销售量，就需要做到有针对性地销售，即精准营销。通过对企业的客户进行调查、分析与研究，了解客户的特性，并对其进行归类，即可进行有针对性的营销。

要想做到精准营销，就需要把握顾客的心理。不同类型的顾客其特征是各不相同的。

◆ **性别差异对购买产品的影响**

性别的差异对顾客行为的影响是与生俱来的，具有稳定性。男性与女性在消费时无论是生理、心理还是在购买中的地位，都具有明显差异。

女性的购买心理。爱美与讲究时髦是当代女性的一个明显特点，所以挑选商品侧重外观质量，注重商品的实惠和便利。

男性的购买心理。男性顾客大多粗犷、豪爽、需求单一，对商品的选择不太挑剔，注重商品的功能效用，不易受商品外观及营销环境的影响，购买中决策速度快。

◆ **中低收入人群购买产品的影响**

在中低收入人群中，性别和婚姻状况等都会影响消费者购买商品，具体介绍见表7-2。

表7-2 中低收入人群购买产品的特征

性　　别	婚姻状况	购物特征
男性	未婚	追求流行时尚、能彰显个性化和表现自我的商品，注重产品的品牌、价格、外观、质量以及服务
	已婚	注重商品的实用性、价格和功效
女性	未婚	对时尚流行、方便快捷的商品有较大需求，比较关注商品价格
	已婚	更加注重商品的实用性和价格

由此可以看出，不同顾客群体对产品的需求点存在一定差异。因此，要对顾客进行充分的调查，分析顾客的特性才能进行有针对性的营销，节约成本，提升销量。

下面通过客户特性分析表（表 7-3）学习分析客户特性。

表 7-3　客户特性分析表

分析种类	分析标准	分析结果
推广	对减价的反应	
	对广告的敏感性	
	媒体的区别	
	对品牌广告主题的接受程度	
	对品牌包装的接受程度	
价格	对价格高低的接受程度	
产品	产品使用量	
	品牌忠诚度	
	对质量、特性、用途的偏好	
	区分产品利益的认识程度	
	对竞争品、替代品的认识	
分配路径	对零售店的认识	
	对推销员的接受度	

通过表 7-3 可以看到，使用该表格主要从推广、价格、产品和分配路径四个方面对客户的特性进行分析，每个方面包含特定的指标，只需要将指标分析结果进行分别列示，即可了解企业客户的特性。

7.1.3　追踪新产品潜在客户

所谓潜在客户，指对某类产品（或服务）存在需求且具备购买能力的待开发客户，这类客户与企业存在着销售合作机会。经过企业及销售人员的努力，可以把潜在客户转变为现实客户。

那么，企业应当怎样获取潜在客户呢？潜在客户主要可以通过以下几种途径获取。

网络。通过网络获取潜在客户是较好的选择，先在网上通过一些商业网站搜索一些客户的资料。可以通过搜索引擎搜索，或是通过行业对应的行业网查找。

广告。这种方法的基本步骤是：①向目标顾客群发送广告；②吸引顾客上门展开业务活动或者接受反馈展开活动。例如，通过媒体发送某个减肥器具的广告，介绍其功能、购买方式、地点、代理和经销办法等，然后在目标区域展开活动。

介绍。业务员通过他人的直接介绍或者提供的信息进行顾客寻找，可以通过业务员的熟人、朋友等社会关系，也可以通过企业的合作伙伴、客户等，由他们进行介绍。

资料查阅。通过查阅资料寻找客户既能保证一定的可靠性，也能减小工作量、提高工作效率，同时也可以最大限度减少业务开展的盲目性和客户的抵触情绪等。如有关政府部门提供的资料、有关行业和协会的资料以及国家和地区的统计资料等。

咨询。一些组织，特别是行业组织、技术服务组织和咨询单位等，他们手中往往集中了大量的客户资料相关行业和市场信息，通过咨询的方式寻找。

企业活动。企业通过公共关系活动、市场调研活动、促销活动、技术支持和售后服务活动等，一般都会直接接触客户，这个过程中对客户的观察、了解和深入沟通都非常有力，也是一个寻找客户的好途径。

企业新产品上市，通常都需要进行推广，市场上可能存在同类产品，因此对新产品的潜在客户进行追踪是很有必要的。表 7-4 为新产品潜在客户追踪表。

表 7-4　新产品潜在客户追踪表

编号	产品名称	潜在客户		预定采购时间				预算金额	报价表编号	竞争对手	结果
		客户名称	接洽人员	1个月内	3个月内	6个月内	1年以内				

编制：　　　　　　　　　　填表人：

通过新产品潜在客户追踪表，了解企业新产品的潜在客户，将潜在客户的信息进行统计，同时对竞争对手的信息进行统计，最后分析得出追踪结果。

7.1.4　调查客户对产品的满意度

顾客满意度调查是用来测量一家企业或一个行业在满足或超过顾客购买产品的期望方面所达到的程度。客户满意度越高，表示客户对企业的产品或服务越满意。

客户满意度对企业发展至关重要，下面来看客户满意度调查的常见方法。

设立投诉与建议系统。以顾客为中心的企业应当方便顾客传递他们的建议和投诉，构建投诉与建议系统可以收集到顾客的意见和建议。一些以顾客为中心的企业，都设置了"顾客热线"的免费电话，从而最大限度地方便顾客咨询、建议或者投诉。这些信息流有助于企业更迅速地解决问题，并为这些企业提供了很多开发新产品的创意。

并不是所有客户对产品不满意时都会进行投诉，因此，不能用投诉程度来完全衡量顾客满意程度。企业可以通过电话或者信件等方式向购买者询问他们的满意度，帮助企业进行改进。

佯装购物法。雇用一些人员装作潜在购买者，以报告他们在购买企业和竞争者产品的过程中所发现的优点和缺陷。管理者也可以以购物者身份到企业和竞争者处开展购物活动，了解具体情况。

失去顾客分析。企业应当同停止购买或转向其他供应商的顾客进行接触，了解为什么会发生这种顾客流失情况。这种原因分析十分重要，能够直接反映顾客的想法和企业存在的问题。

企业管理者不仅要了解常见的客户对产品的满意度调查方法，还需要知道具体的调查流程，具体介绍如图 7-1 所示。

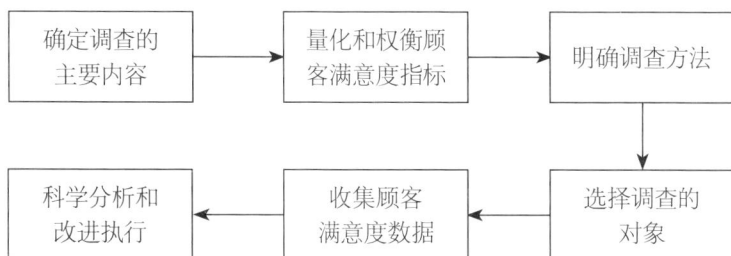

图 7-1 客户满意度调查流程

下面对客户满意度调查流程进行具体介绍。

◆ 确定调查的主要内容

开展顾客满意度调查研究，必须首先识别顾客的需求结构，明确开展顾客满意度调查的内容。

通常，调查的内容主要包括以下六个方面：①产品内在质量，包括产品技术性能、可靠性和可维护性等；②产品功能需求，包括使用功能、辅助功能（舒适性等）；③产品服务需求，包括售前和售后服务需求；④产品外延需求，包括零备件供应、产品介绍资料和培训支持等；⑤产品外观、包装和防护需求；⑥产品价格需求等。

◆ 量化和权衡顾客满意度指标

顾客满意度调查的本质是一个定量分析的过程，即用数字反映顾客对测量对象的属性的态度，因此需要对调查项目指标进行量化。

顾客满意度调查了解的是顾客对产品、服务或企业的态度，即满足状态等级，一般采用七级态度等级：很满意、满意、较满意、一般、不太满意、不满意和很不满意，相应赋值为 7 ～ 1。

◆ 明确调查方法

调查方法除了前面介绍的几种外，还可以进行问卷调查、二手资料收集以及访谈研究。二手资料大多数通过公开发行刊物、网络和调查公司获得，可能存在缺陷，但也能作为参考。

◆ 选择调查的对象

如果顾客较少，应该进行全体调查。但对于大多数企业来说，要进行顾客的全体调查是非常困难的，也是不必要的，应该进行科学的随机抽样调查。

◆ 收集顾客满意度数据

顾客满意度数据的收集可以是书面或口头的问卷、电话或面对面的访谈；若有网站，也可以进行网上顾客满意度调查。调查中通常包含很多问题或陈述，需要被调查者根据预设的表格选择问题后面的相应答案，有时候调查时会让被调查者进行开放式回答，从而能够获取更详细的资料。

◆ **科学分析和改进执行**

企业应建立健全分析系统，将更多的顾客资料输入到企业数据库中，不断采集顾客的有关信息。同时，还要运用科学的方法，分析顾客发生变化的状况和趋势。

进行科学分析后，企业就应该立刻检查自身的工作流程，在"以顾客为关注焦点"的原则下开展自查和自纠，找出不符合顾客满意度管理的流程，制定企业的改进方案，并组织企业员工实行，使顾客满意。

在实际工作中，调查问卷的调查方式最常使用。下面以某企业关于某产品的满意度调查问卷表为例进行介绍。

案例实操 企业污水处理设备客户满意度调查

某企业主要从事净水设备和污水处理设备的生产和销售，该企业近期推出了新型DP污水处理器，上市一段时间后企业管理者想要了解该产品的客户满意度，于是组织了相关人员制订了客户满意度调查问卷，见表7-5。

表7-5 客户满意度调查问卷

客户名称		合同编号			
联系人		电 话		业务员	
回访部门		回访时间		设备类型	

客户简介	

DP 设备情况（外观、包装、运行、价格等）	
评价内容	10分 8分 6分 4分 2分
1. 外观：DP 设备有无外观损毁 2. 气味：DP 设备运行有无气味 3. 噪声：DP 设备运行有无噪声 4. 投诉：DP 设备运行周围居民有无投诉 5. 价格：DP 设备价格是否合理 6. 包装：DP 设备合格证、检验报告、出货清单是否完好 7. 优势 / 弱势：与同类设备比较我公司产品的优、弱势	☐ ☐

服务质量（交货及时准确性、送货人员素质及态度、销售人员素质及态度等）	
评价内容	10分 8分 6分 4分 2分
1. 请问我公司送货是否及时 2. 我公司送货是否准确 3. 您对我公司销售人员的素质及工作态度是否满意 4. 您对我公司指导安装人员的素质及工作态度是否满意 5. 您对我公司工作人员处理突发事件时效是否满意 6. 您对我公司工作人员处理投诉是否满意	☐ ☐

您对我公司的产品、服务意见或建议	
回访方式	☐电话　☐信访　☐现场 ☐其他（　　　　　）
客户签字	日期　　年　月　日

该企业的产品客户满意度调查问卷主要涉及产品的具体情况调查和服务质量的调查，并给出具体的评分标准，最后只需要统计评价得分即可用

于分析，了解客户对产品或服务的看法。此外，通过该表客户还可以直接提意见或建议，帮助企业进行改进。

7.2　对调研数据进行统计分析

市场数据对于企业而言十分重要，企业管理者要善于利用各种市场数据，通过统计、分析，从中获取有用的信息，最终将结果作用于企业经营活动，促进企业生产和发展。

7.2.1　通过市场调查数据了解产品知名度

产品知名度指潜在购买者认识到或记起某一品牌是某类产品的能力。产品知名度能够充分体现企业的产品在市场上的竞争力和市场占有情况，是市场调研的重要内容。

企业管理者想要了解企业产品的知名度，可以通过产品普及率这一指标进行分析确定。产品普及即根据产品在某一地区人口或家庭的平均普及率，可以用来表示该产品的知名度。

产品普及率的计算方法主要有两种，下面分别进行介绍。

一是用历年的销售量来计算。根据历年的生产量或销售量的资料来计算社会平均持有量，就可以求得普及率，计算公式如下：

产品普及率＝历年的生产量或销售量 ÷ 当地总人（家庭）数 ×100%

通常，市场普及率越高，表明企业产品的市场知名度越高，受欢迎程度越高。采用此方法，需要掌握大量的统计资料，并且要注意排除各种假象，避免虚假数据。

二是用家计调查结果来推算。家计调查是抽样调查的一种形式。在某一地区抽取一定的家庭为样本进行调查。根据调查的结果可以推断出全地区的产品持有量。采用此方法，需要注意抽取样本量的大小和代表性。

拓展贴士 *产品普及率与市场饱和度*

普及率越高，产品的市场潜力越小，产品的生命周期越趋于饱和。根据经验数据，产品普及率小于 5% 时为投入期；普及率在 5% ~ 50% 时为成长期；普及率在 50% ~ 90% 时为成熟期；普及率在 90% 以上时为衰退期。

案例实操 企业空调产品知名度分析

某企业主要从事家电生产和销售，是比较受欢迎的企业。该企业近期想要了解本企业空调产品的市场知名度，于是需要进行空调产品市场普及率的分析。下面分别通过前面介绍的两种方法进行分析。

①该企业所在地当前共有 2 000 000 个家庭，经过 5 年的销售，企业共销售空调产品 1 320 000 台，且空调使用寿命通常超过 5 年，则该企业空调普及率计算如下：

普及率 =1 320 000 ÷ 2 000 000 × 100%=66%

②该企业所在地主要分为 5 个地区，每个地区的人口和家庭数相差较小，于是企业决定从 5 个区中分别抽取 1 000 个家庭，调查这些家庭使用该企业空调的情况，发现使用该企业空调的家庭数为 3 375 户，则该企业空调普及率计算如下：

空调普及率 =3 375 ÷ （1 000 × 5）× 100%=67.5%

由此可以发现，上述两种计算方法的计算结果相近，该企业的产品普及率处于 50% ~ 90%，为成熟期，该企业空调的知名度较高。

7.2.2 根据市场发展状态确定产品发展方向

市场发展状态主要指市场状况，是企业目标市场的范围、销售渠道的多少、市场占有率的大小以及市场的竞争状况和市场环境的复杂程度等。一般说，市场状况是决定市场营销组织和人员多寡的基本依据。

要分析产品的发展方向和发展潜力，一般使用"波士顿矩阵"进行分析。波士顿矩阵又称四象限分析法、产品系列结构管理法等，是由美国波士顿咨询公司创始人布鲁斯·亨德森首创的分析方法。

波士顿矩阵的含义是在一个企业内，通过研究产品的市场占有率和产品市场增长率，把企业现有产品划分为不同的四种类型（明星、金牛、问题和瘦狗）；然后研究企业的产品，对企业内部进行规划，对产品进行策划，将企业有限的资源有效地分配到合理的产品结构中去，以保证企业收益，使企业在激烈竞争中取胜。

波士斯矩阵的分析前提是了解企业产品的市场占有率和市场增长率，波士顿矩阵的模型如图 7-2 所示。

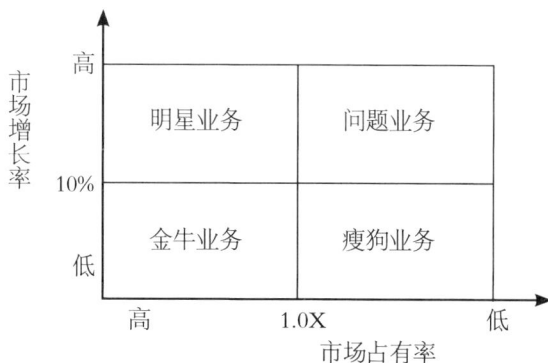

图 7-2　波士顿矩阵图

按照市场增长率和相对市场占有率来划分，市场增长率以 10% 为基准点，市场占有率以 1.0X 为基准点。表 7-6 是对波士顿矩阵四种业务的介绍。

表 7-6   波士顿矩阵的四种业务

业　　务	具体介绍
问题业务	该业务是高增长、低市场占有率，指增长率很快，但是市场占有率不高，得到的利润有限。这类业务通常处于最差的现金流量状态，需要进行分析，判断使其转移到"明星业务"所需要的投资量分析其未来盈利，研究是否值得投资等问题，要是无法投资的，应该放弃该类业务
明星业务	高增长、高市场占有率，指增长率很快，市场占有率也很高，得到的利润较多，就像明星一样，发展前途很好。这类业务处于迅速增长时期，具有很大的市场份额。企业一般应对此类业务进行保护，在短期内优先供给它们所需的资源，支持它们继续发展
金牛业务	低增长、高市场占有率，像奶牛一样，吃的是草，产出的是高质量的牛奶。这类业务处于成熟的低速增长市场之中，市场地位有利，盈利率高，本身不需要投资，反而能为企业提供大量资金
瘦狗业务	低增长、低市场占有率，像瘦狗一样，要吃饭，但是自身没有什么价值，即投入较大，但是利润较少，或是没有利润，甚至是亏损的。如果这类业务还能经营，应减小规模；如果不能继续经营，应及早采取措施，清理业务

了解了波士顿矩阵后，企业管理者就可以分析企业相关产品的市场增长率和相对市场占有率，从而判断出企业产品属于哪一类业务，并根据相应的业务类型制订相应的目标。

通常有四种战略目标分别适用于不同的业务。

发展。以提高经营单位的相对市场占有率为目标，甚至不惜放弃短期收益。如果问题类业务想尽快成为"明星"，就要增加资金投入。

保持。投资维持现状，目标是保持业务单位现有的市场份额。对于较大的"金牛"可以此为目标，以使它们产生更多的收益。

收割。这种战略主要是为了获得短期收益，目标是在短期内尽可能地得到最大限度的现金收入。对处境不佳的金牛类业务及没有发展前途的问题类业务和瘦狗类业务应视具体情况采取这种策略。

放弃。目标在于清理和撤销某些业务，减轻负担，以便将有限的资源用于效益较高的业务。这种目标适用于无利可图的瘦狗类和问题类业务。一个企业必须对其业务加以调整，使其投资组合趋于合理。

需要注意，波士顿矩阵图只是企业用来对于一些业务的情况进行分析，从而给决策者提供一个较好的依据而已，在现代市场营销学当中，要考虑的因素非常多，不能仅仅因为一个波士顿矩阵图就判断出对一个业务进行怎样的处理，同时也要考虑各个方面的影响因素。

拓展贴士 **波士顿矩阵对企业整体业务的影响**

每个企业都会有上述四种业务，只是每种业务的多少不定而已，一个最佳的企业业务结构应该是大多数业务（产品）是明星业务和金牛业务，少量的瘦狗业务和问题业务，并且要加强引导，促使问题业务转型。

7.2.3 根据市场竞争情况调整市场发展战略

企业的市场发展战略主要指由现有产品和新市场组合而产生的战略，即企业用现有的产品开辟新的市场领域的战略。企业的市场发展战略不能仅仅由企业的现状决定，还应当充分考虑市场中的竞争情况，即竞争对手的状况。

了解竞争企业的状况，才能做到知己知彼，及时行动，调整自身的战略目标。

◆ **竞争对手的长远目标**

对竞争对手的长远目标进行分析，可以预测竞争对手对其行业地位是否满意，由此判断竞争对手会如何改变战略，以及他对外部事件会采取怎样的反应。

◆ **竞争对手的战略假设**

每个企业所确立的战略目标，其根本是基于他们的假设之上的，这些假设主要可以分为竞争对手信奉的理论假设、竞争对手对自己企业的假设、竞争对手对行业及行业内其他企业的假设。

无论对竞争对手，还是对自己，企业都要仔细分析，这可以帮助管理者识别自身对所处环境的偏见和盲点。

◆ **竞争对手的战略途径与方法**

战略途径与方法是具体的、多方面的，应从企业的各个方面去分析，例如营销、价格等。

◆ **竞争对手的战略能力**

要实现目标或战略需要能力做支撑，在分析研究了竞争对手的目标与途径之后，还要深入研究竞争对手是否具有采用其他途径实现其目标的能力。

通常情况下，企业看好的顾客，竞争者也会看好。鉴于竞争环境的重要性，企业非常有必要建立起用于监测、分析竞争环境的情报系统，以便及时、系统地搜集和分析竞争对手的战略动态和市场动态，及时进行自我调整和应对。

7.3 相关表单模板

市场调查计划表

调查人		调查区域		
调查日期		调查对象		
行程表	时间	活动项目	对象	备注
准备事项				
经费预估				
批示				

▲市场调查计划表

市场调研报告表

时间： 调研人： 部门：

填写项目	内容	备注
调研概述/主题		
调研背景与目的		
调研时间		
调研目标对象		
调研内容		
调研过程描述		
关键统计数据		
结论		
成本预算		
其他		

▲市场调研报告表

公关效果评估表

年 月 日 编号：

公关计划审批表编号	

公关经济效果分析：

决策分析部主管签字：

公关社会效果分析：

商务审核部主管签字：

整体效果评估：
□正效果巨大 □正效果大 □有些正效果
□看不出明显正效果 □有些负效果 □负效果大

营销总监签字：

总经理意见：

总经理签字：

备注：

▲公关效果评估表

客户满意度调查表

尊敬的客户：
感谢您一直以来对我公司的支持，为了提供更好的产品和服务，我公司定期进行客户满意度调查，请您详细填写以下表格，提出您的宝贵意见，以便我们持续提高和改进，提供更优质的服务。

调查内容

客户名称：		联系地址：	
填写人姓名：		联系电话：	E-mail：
项目号：		项目名称：	安装日期：
所在部门：		职务：	填写日期：

具体项目

员工素质	□很满意 5 分 □满意 4 分 □一般 3 分 □不满意 2 分 □很不满意 1 分
响应速度	□很满意 5 分 □满意 4 分 □一般 3 分 □不满意 2 分 □很不满意 1 分
工程安装	□很满意 5 分 □满意 4 分 □一般 3 分 □不满意 2 分 □很不满意 1 分
用户培训	□很满意 5 分 □满意 4 分 □一般 3 分 □不满意 2 分 □很不满意 1 分
维护保修	□很满意 5 分 □满意 4 分 □一般 3 分 □不满意 2 分 □很不满意 1 分
稳定性	□很满意 5 分 □满意 4 分 □一般 3 分 □不满意 2 分 □很不满意 1 分
性能指标	□很满意 5 分 □满意 4 分 □一般 3 分 □不满意 2 分 □很不满意 1 分
解决方案	□很满意 5 分 □满意 4 分 □一般 3 分 □不满意 2 分 □很不满意 1 分
补充意见或其他要求	

▲客户满意度调查表

广告预算表

媒方	广告效率	单位成本	有效篇幅	频度		平常股份广告预算	旺季股份广告预算	其他配合促销预算	合计
				平常	旺季				
合计									

▲广告预算表

同业产品市场价格调查表

年　　月　　日

品名	规格	厂牌	单价	价格来源根据	对品质价格的评价
说明					

营业主管：　　　　　　　　　　　　　　制表：

▲同业产品市场价格调查表

第8章

重视营销管理
落实企业发展目标

市场营销对于企业开拓市场和销售产品有重要作用，能够帮助管理者了解产品现状，做好市场营销工作，能够促进企业不断发展，在市场中更具竞争力。

8.1 市场营销的基本管理

市场营销对于企业来说十分重要，即使企业能够生产出较好的产品，但如果没有做好市场营销工作，则有可能导致产品不为人知，从而使企业效益降低，因此应当重视企业营销管理，本节将介绍市场营销管理的基础内容。

8.1.1 了解产品销售状况是营销管理的第一步

管理者要对企业的产品营销进行管理，首先需要了解企业产品的销售状况，这样才能把握企业营销的现状，方便管理者进行调整。

管理者了解企业营销状况的方法主要有两种，分别是通过销售计划表和产品销售情况表完成，下面分别进行介绍。

（1）通过销售计划表了解销售状况

销售计划表是企业为了有序组织销售活动，根据以往销售情况分析编制的表格，通常有年度销售计划表、季度销售计划表以及月度销售计划表等，根据不同时间区间进行编制。

销售计划表是根据以往数据，结合企业当前状况编制的销售计划表格，管理者通过该表格能够大致了解企业的销售能力和销售状况。图 8-1 为销售计划表的模板。

销售计划表

年度	季度	预估内销					预估外销					总销售额
		市场总需求量	市场成长率	销售量	出厂单价	销售额	市场总需求量	市场成长率	销售量	出厂单价	销售额	

图 8-1　销售计划表模板

从图 8-1 中可以看到，通过销售计划表可以了解企业一年中各个季度的销售计划，从而能够了解企业的具体销售情况。

（2）通过产品销售情况表了解产品销售状况

相较于销售计划表，通过产品的销售情况表则可以更加直观地了解企业的销售状况。图 8-2 为产品销售情况表模板。

产品销售情况表

产品名称	第一季度			第二季度			第三季度			第四季度			合计
	1月	2月	3月	4月	5月	6月	7月	8月	9月	10月	11月	12月	
合计													

图 8-2　产品销售情况表模板

销售情况表主要是对企业的产品销售情况进行统计，通常会对每月或每季度进行单独列示，从而方便管理者直观了解产品各月或各季度的销售情况。此外，还会通过合计对每月所有产品的销量进行统计，方便管理者查看大致销售情况。

8.1.2　通过促销提升产品的销量

促销就是营销者向消费者传递有关本企业及产品的各种利好信息，说服或吸引消费者购买其产品，以达到扩大销售量目的的一种活动。实际上，促销就是企业通过促销活动将刺激消费的信息传递给多个目标对象，从而提升产品的销量。

要通过促销提升产品销量，就需要运用合适的促销方法进行促销，才能事半功倍。常见的促销方法见表8-1。

表8-1 常见的促销方法介绍

方 法	具体介绍
反时令促销	通常顾客都是按时令需求，缺什么买什么，商家在销售时也是如此。因此，商品在消费旺季时往往十分畅销，在消费淡季时往往滞销。企业可以采用反时令促销。例如，在夏季低价出售去年冬季遗留的商品，同样也会吸引较多买家
独次促销	独次促销指商品只销售一次，之后就不再销售，会给顾客留下"机不可失，时不再来"的印象。表面上看会损失可得的利润，但实际上商店因所有商品都十分抢手而加速了商品周转，实现了更多的利润
翻耕促销	翻耕促销指以售后服务招揽老顾客的促销方法。以访问或发调查表形式了解客户之前购买产品的使用情况，并附带介绍新商品。这种促销方式关键在于企业具有完善的顾客管理系统，可准确找到有购买需求的老顾客
每日低价促销	每天推出低价商品，以吸引顾客的光顾，通过这种稳定的低价使消费者对商家增加了信任，节省人力成本和广告费用，从而产生较高的竞争力
拍卖式促销	拍卖式促销即通过拍卖的形式促销商品，拍卖的结果可能高于产品零售价，也可能低于产品零售价。拍卖形式新鲜，但不适宜每天开展，可以选择在节假日、周末等时间开展，给顾客充足的时间参与其中

案例实操 反时令促销法的运用

在某年的夏令时节，浙江省某市场的某时装店出现了一种特殊的产品销售方法，即反时令销售法，并取得了成功。

浙江省宁波市的某百货商店，在高温的夏令时节进行了一场冬令商品皮装展销。在35℃的炎热天气，该商店的专柜内摆满了皮风衣、皮大衣、皮夹克以及皮套裙，而且销售情况良好，短短几天时间销售了近3 000件冬季商品。

　　经过了解，推出皮装夏销策略的是当地的某轻纺集团，在销售中还推行了"特价预订"。具体做法是在展销期间，按不同品种以 7.5 折到 8.5 折的优惠价预定，四个月后交货，如果将近期原皮可能涨价的因素考虑在内，顾客可得到更多的优惠。

　　通过上述案例可以发现，顾客并不排斥在夏季购买冬季使用的商品，而且商场为了促销，还提供了一定比例的折扣，并支持预订，这在一定程度上使反时令促销更加成功。

　　此外，反时令促销不需要太多的广告宣传，因为该促销本身就是一种极好的宣传，会给顾客眼前一亮的感觉。在提升销量的同时不仅能够清理库存、缓解资金压力，还能提升服装产品的知名度，节约宣传费用。

　　那么企业在决定要进行促销时，就需要明确促销的方式、时间、地点、负责人以及对促销结果有一个预期。这些信息可以通过促销活动计划表进行展示，见表8-2。

表8-2　促销活动计划表

年　　　月

促销编号	针对产品	促销方式	促销时间		负责人	配合事项	预计经营	预计效果	备注
			起	止					

促销活动计划表要求在进行促销之前由相关负责人填写，明确促销产品、促销方式、促销时间、负责人以及预计经营效果等，做到事前规划，而管理者通过该表也可快速了解企业产品的预促销情况。

8.1.3　产品的销售盈利情况要重点把握

企业盈利能力指企业利用各种经济资源赚取利润的能力，它是企业营销能力、获取现金能力、降低成本能力及规避风险能力等的综合体现。此外，产品的盈利能力还能表示企业的经营成果。

要分析企业销售的盈利情况，就需要了解企业产品的销售量和销售额，再结合相应的成本数据即可分析企业产品的销售盈利情况。

因此，可以通过销售金额统计表来记录企业产品销售的相关数据，通过该表格数据即可对企业销售盈利情况进行分析，见表8-3。

表8-3　销售金额统计表

月

订单编号	客户名	单位	单价	金额	时间	销售额	备注

企业管理者通过表8-3可以了解企业产品的销售情况，进一步进行盈

利情况分析。如果企业的盈利情况不好，管理者就要及时调整生产和销售策略，提升企业的销售盈利能力。

8.2　营销分析的重点内容

营销分析的重点是要通过现有数据对企业的营销情况进行判断和预测，从而了解企业发展现状和发展能力。

8.2.1　准确判断销售额完成情况

通常在每一年或每一季度之初，企业都会根据上一年度或季度的产品销售情况，结合企业现状制定产品的销售目标。销售完成情况则指企业在实际的销售工作中完成的销售量与预计销售情况之间的差距。

要评估企业的销售完成情况，需要了解销售任务完成率这一指标，销售任务完成率的计算公式如下：

销售任务完成率 = 实际销售数 ÷ 销售任务数 × 100%

销售任务完成情况能够从侧面反映产品在市场上的受欢迎程度以及相关销售人员的销售能力。

案例实操 企业的销售额完成情况

某企业主要从事电器生产，上一季度的某型号的家用电风扇的销售量为 25 000 台。这一季度企业引进了新技术，产品质量得到提升，市场竞争力增强，企业根据上一季度销售情况和企业现状制订了本季度的销售计划为 30 000 台。

经过一个季度的奋斗，该种电风扇的实际销售量为 32 000 台，由此即可计算该型号电风扇的销售任务完成率。

销售任务完成率 =32 000÷30 000×100%=106.67%

由此可以看出，该型号的电风扇实际销售数量超过预计的销售数量，说明该产品的销售额完成情况较好。

下面通过某企业的销售计划管理与考核制度，了解销售任务完成率的相关内容。

案例实操 某企业的销售计划管理与考核制度（节选）

1　目的及范围

1.1　目的：为使公司生产、采购和销售等经营活动按照计划和流程有序进行，有效使用资金、发挥产能，以满足客户需求，实现公司经营目标，防止产品出现短缺或者积压，特制定本制度。

1.2　范围：本制度适用于销售、制造和采购部门对销售、生产和采购计划的制订、实施和管理。

……

3.6　考核。

3.6.1　计划准确性考核

（1）编制国内销售需求计划时，必须注重市场和竞争对手的动向，掌握经销商的库存情况，在充分调查研究的基础上制订计划。销售区域月度计划准确率要求达到 85% 以上，公司销售总计划准确率达到 80% 以上；计划准确率考核由营销部门组织并执行，报人力资源部备案。月度销售计划的达成率纳入绩效考核，由人力资源部门考核销售部主管，销售部门主管

考核大区经理，实行逐级考核，具体考核方案在制订销售年度考核方案时
予以明确。

......

从上述企业的销售计划管理与考核制度可以看出，企业较为重视销售
计划的完成情况，并进行了严格规定，要求销售区域月度计划准确率达到
85％以上，企业销售总计划准确率达到 80％以上，并将销售计划完成率纳
入了绩效考核范围。

企业管理者在实际工作中同样可以将产品的销售完成率做具体规定，
同时督促相关销售人员遵守。

8.2.2 透过具体指标看企业发展情况

企业的发展情况可简单理解为产品在市场中的销售情况，由于企业的
发展情况通常难以进行直接测量，因此常用具体指标对其进行量化，便于
企业管理者了解。

在实际工作中，常用销售增长率指标量化企业发展情况，下面进行具
体介绍。

销售增长率是企业本年销售收入增长额同上年销售收入总额之比。本
年销售增长额为本年销售收入减去上年销售收入的差额，它是分析企业成
长状况和发展能力的基本指标。销售增长率的计算公式如下：

销售增长率 = 本年销售增长额 ÷ 上年销售总额

= （本年销售总额 − 上年销售总额）÷ 上年销售总额

= 本年销售总额 ÷ 上年销售总额 −1

在对销售增长率指标进行分析时，需要注意以下三点，下面进行具体

介绍。

- 销售增长率是衡量企业经营状况和市场占有能力、预测企业经营业
  务拓展趋势的重要指标，也是企业扩张增量资本和存量资本的重要
  前提。

- 该指标越大，表明企业发展速度越快，企业市场前景越好。

- 销售增长率分析包括趋势分析和同业分析。

下面通过具体的案例来看销售增长率的运用。

案例实操 销售增长率的运用

某企业主要从事零件生产、加工和销售，在行业内属于龙头企业。企业管理者想要了解本企业产品的销售情况，则可以通过销售增长率指标进行具体量化计算。

已知 2018 年的某零件销售总额为 2 000 000 元，2019 年由于工艺技术提升，销售总额有所上升，为 2 500 000 元。通过以上数据计算 2019 年产品的销售增长率。

销售增长率 =2 500 000 ÷ 2 000 000−1=25%

通过计算可以发现，该企业的销售增长率为 25%，表明该产品的销售状况较好，可以得出该企业的发展情况也很好。

企业管理者如果需要通过企业近几年的销售趋势以了解企业的发展状况，则可以用同样的方法计算近几年的销售增长率，最终通过柱形图展示，如图 8-3 所示。

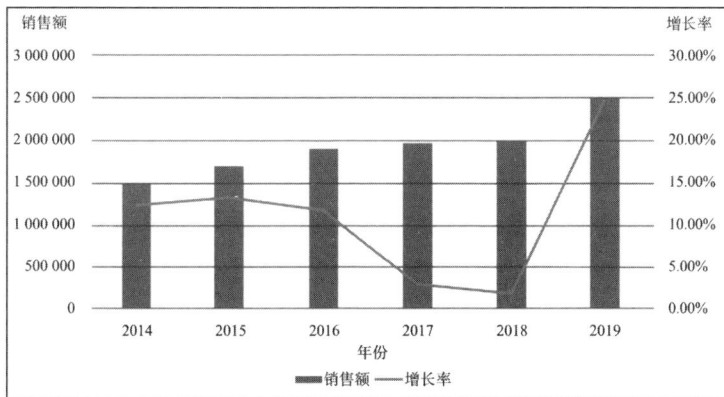

图 8-3　销售增长率分析

从图 8-3 可以发现，虽然该企业的销售额从 2014 年到 2019 年逐渐增大，但销售增长率在逐年递减，直到 2019 年因为技术革新，销售额出现大幅提升，才使增长率也大幅升高。由此可见，技术更新后产品销售情况较好，企业的发展状况也变好了。

8.2.3　企业的经营状况如何体现

企业经营状况指企业的产品在商品市场上进行销售、流通的发展现状，它通常是企业管理者比较关心的问题。通常情况下，企业的经营状况可以通过销售回款率这一指标进行分析。

销售回款率指企业实收的销售款与销售收入的总额的比率，下面来看销售回款率的计算公式如下：

$$销售回款率 = 实际收到销售款 \div 销售总收入 \times 100\%$$
$$= （现销收入 + 本月应收账款收回数）\div 销售总收入 \times 100\%$$
$$= [销售总收入 - （应收账款期末数 - 应收账款期初数）] \div$$
$$销售总收入 \times 100\%$$

销售回款率越高，说明企业销售工作的管控和资金管控越到位。但是由于风险的客观存在，销售回款不可能按照预想得到 100% 的实现。实务中达到 90% 以上，就算是比较正常的。

通过公式可以看出，销售回款率主要衡量销售收入的回收情况，下面通过具体的案例来看销售回款率的计算。

案例实操 销售回款率的计算

某企业主要从事工艺品的生产和销售，近年来发展情况较好。在企业销售情况不断向好的情况下，企业资金却出现了问题，这令企业领导感到困惑，企业管理者通过了解销售回款情况，发现了其中的问题。

已知 2019 年上半年企业销售工艺品的总收入为 5 000 000 元，其中，现销收入为 1 100 000 元，其他应收账款共收回 1 420 000 元。销售回款率计算如下：

销售回款率 =（1 100 000+1 420 000）÷ 5 000 000 × 100%=50.4%

通过计算销售回款率可以发现，该企业上半年的工艺品销售中，销售回款率仅为 50.4%，意思是销售款只回收了一半左右，很明显，这是导致企业资金出现问题的重要原因。

企业管理者需要注意，要避免出现销售回款率低，保障企业资金运转流畅，需要掌握一定的账款管理技巧，见表 8-4。

表 8-4　账款管理技巧

技　巧	具体介绍
明确各项条款	在与经销商签订销售合同时要注意明确各项交易条件、双方的权利和违约责任、确定合同期限以及加盖经销商的合同专用章
定期核对账目	要形成定期核对账目的制度，每隔 3 个月或半年就必须同经销商核对一次账目。要制定一套规范的、定期对账制度，避免形成呆、坏账

续表

技　　巧	具体介绍
减少赊销、代销运作方式	销售人员为了迅速占领市场，或为了完成销售目标常采取赊销、代销的运作模式。这些销售模式是经销商拖欠应收货款的理由，极易形成呆账、坏账，因此必须减少这些销售模式
制定激励策略	在制定营销策略时，要将应收账款的管理纳入对销售人员考核的项目之中，即个人利益不仅要和销售、回款业绩挂钩，也要和应收账款的管理联系在一起
建立信用评定、审核制度	要建立信用评定、审核制度，对不同的经销商给予不同的信用额度和期限（一般为半年），超过期限的要进行重新评级

　　下面来看某企业的销售回款管理制度。

案例实操 销售回款管理制度

　　为加强和规范销售管理，加快资金周转，保证销售货款的安全，防范财务风险，在《销售管理制度》基础上根据本公司目前实际情况制定本办法。

　　1. 各办事处项目经理为所管辖项目的货款第一责任人，负责该区域内管辖项目的销售款及时、安全回到公司财务。

　　2. 公司委托各商场、超市和零售药店销售本公司产品的，销售经理每月负责根据当月销售数据与对方结算货款，财务负责挂账。销售经理负责根据与各代理商签订的合同约定的回款时间按时回款。与公司签订合作协议的所有代理商，须在合同中明确约定货款直接汇至公司指定账户，严禁销售人员直接从代理商处收取现金或将公司货款汇款至个人账户。

　　3. 公司所属的销售点直接对外销售收取现金的，该网点销售负责人必须于收款当日下午直接存款于公司账户或交回公司财务，严禁将货款私自挪用或转交他人。

4. 除公司内部调拨、固定合同客户铺货及客情领用外，仓库管理人员须见到财务部门收款通知后方可发货。

5. 财务部与库房管理责任人每月底对各网点库存产品进行盘点，稽核相关销售数据及回款数据的准确性。如有差异须第一时间上报公司分管副总和财务负责人。

6. 财务部门每月底向销售经理提供在外应收款金额明细，对于未能按合同约定回款的客户进行重点提示。销售经理对货款有异议的应及时与财务沟通。如无合理理由超过连续两个月货款未能及时回款的，财务应直接与客户进行对账确认。

7. 违反前述 2、3 条规定的，对责任人处以不低于所涉及货款金额 10% 的罚款直至开除，涉及违法的由司法部门追究其法律责任。

8. 违反前述 4、5 条规定的，对相关财务人员和库房管理人员处以 300 元以上罚款。

9. 本办法自下发之日起执行。

如上所示为某企业的销售回款管理制度，该制度主要是为了加强和规范销售管理，加快资金周转，保证销售货款的安全。该制度对企业销售回款进行了具体的规定，最后对违反某些制度条款会受到的惩罚进行了具体介绍，可供管理者参考。

此外，企业每月应当将销售回款情况进行统计并生成销售回款统计表，帮助企业管理者了解当月销售的具体情况。销售回款统计表见表8-5。

表 8-5　销售回款统计表

统计时间：　　　　　　　　　　　　　　　　　　　　统计单位：元

序号	回款单位	负责人	回款金额	账户余额	业务员	备注

通过销售回款统计表中的回款信息，管理者即可快速了解企业当前统计时间内的销售回款情况，然后只需要根据当前的销售回款情况即可初步了解企业当前的销售货款管理情况。

8.2.4　如何衡量企业整体盈利情况

企业的整体盈利情况如果需要进行具体计算，则十分麻烦，在实际工作中常用销售毛利率反映出企业的盈利情况。

毛利率是毛利与销售收入（或营业收入）的百分比，其中毛利是收入和与收入相对应的营业成本之间的差额，销售毛利率存在不同的计算公式，具体介绍如下：

毛利率 =（销售收入 - 销售成本）÷ 销售收入 ×100%

　　　 =（不含税售价 - 不含税进价）÷ 不含税售价 ×100%

毛利率 =（1 - 不含税进价 ÷ 不含税售价）×100%

毛利率大小通常取决于以下因素。

市场竞争。如果市场上没有某类产品，或这类产品很少，或这类产品相比市场上的同类产品有优势，那么产品的价格较高，毛利也就较高。

企业营销。为了扩大市场占有率或是有其他原因，则可能采取先以较低价格打开市场，待在市场站稳后再根据市场认同度重新调整定价策略；如果是为了尽快地收回投资，企业可能以较高的价格打入市场，再进行逐渐渗透的策略。

研发成本。如能更快更好地开发出具有新兴功能的新产品，而产品在功能、使用价值及价格上存在优势，相应的毛利率就越大。

品牌效应。通常具有知名度的企业，其产品的品牌效应较好，价格较高，销量也较好；而知名度低的企业，其产品受欢迎程度低，定价也较低，相应的毛利率也较低。

成本投入。如果企业生产产品的固定资产、技术成本和工艺成本等投入较大，这也会影响企业的毛利率。

周转率。因为应收账款会占用资金成本，通常会计入销售价格，即如果是现销，钱货两清的交易，其成父价格相对要低得多。如果是赊销，且某企业应收账款的周转率较小，而毛利又不大，这就是有问题的，需要对成本或进销价格进行实质性审查。

生命周期。一般来说，一种全新功能的新产品刚投放到市场的前期毛利比较高，但随着时间的推移、市场的扩大、竞争对手的加入，同行越来越多，毛利率就会下降。

案例实操 销售毛利率的计算

某企业是一家主要从事商品销售的企业，主要是通过进购商品，再进行销售，获取利润。该企业采购某种商品 500 件，含税进价 100 元 / 件，厂商折扣 5%，运输费用 2 元 / 件，增值税税率 13%，含税售价 110 元 / 件，销售毛利率计算过程如下所示。

不含税进价 = 含税进价 ÷（1+ 增值税税率）

=100 ÷（1+13%）=88.50（元 / 件）

扣除折扣加运输费后，不含税进价 =88.50−88.50×5%+2=86.08（元 / 件）

不含税售价 = 含税售价 ÷（1+ 增值税税率）

=110 ÷（1+13%）=97.35（元 / 件）

毛利率 =（不含税售价 − 不含税进价）÷ 不含税售价 ×100%

=（97.35−86.08）÷97.35×100%=11.58%

计算可知该产品的毛利率为 11.58%，说明该产品的盈利情况较好。通常企业产品的毛利情况会通过销售毛利明细表进行统计，见表 8-6。

表 8-6　销售毛利明细表

编制单位：　　　　　　起始日期：　　　　　　终止日期：

类型	开单日期	单据号	客户名	数量	售价	成本价	销售收入	成本

8.3 相关表单模板

客户促销计划表

年　　月　　日

客户类别	销售产品类别	预计销售额	实际销售额	预计访问次数		协同处理问题	配销方式	付款状况	负责人	促销方法
				每周	每月					

▲客户促销计划表

销售回款计划表

合同编号：

月份	客户名称	付款条件	经手人员	预计回款时间	回款金额	回款方式

▲销售回款计划表

产品报价单

月

报价方		咨询方	
联系人		联系人	
电话		电话	
传真		传真	

序号	产品名称	型号	单位	数量	售价	总计	备注
1							
2							
3							
4							
5							
6							
7							
8							
9							
10							
11							
12							
13							
14							
15							

总计：

税率： 价税合计：

▲产品报价单

客户信息调查表

客户负责人：　　　审核：　　　调查员：

客户名称		地址		
电话		传真		

接洽人员	法人代表	年龄	文化程度	性格
	负责人	年龄	文化程度	性格
	接洽人	职务	负责事项	性格

经营状况	经营方式	□积极　□保守　□踏实　□不定　□投机			
	业务	□兴隆　□成长　□稳定　□衰退　□不定			
	业务范围				
	供货方式	□合理　□偏高　□偏低　□销价			
	价格	旺季		淡季	
	企业性质	□国有　□股份　□合伙店铺　□合资　□其他			
	员工人数	职员	管理层	合计	

同业地位以及付款	地位	□领导者　□具影响　□一级　□二级　□三级		
	付款期			
	方式			
	手续			

与本公司来往	时间	主要采购/产品	旺季每月金额	旺季每月金额	总金额

▲客户信息调查表

促销活动分析表

市场：　　　　　　　活动编号：　　　　　填表日期：

促销活动内容：

目标	销售金额	活动前		活动后	
达成	销售数量	活动前		活动后	
情况	销货率	活动前		活动后	
	所卖产品				
销售	陈列位置				
活动	陈列示意图				
	陈列资料				
广告	促销前				
宣传	促销期间				
	业务人员				
反映	卖场				
	消费者				
存在	方案问题				
问题	实施问题				
经费	预算				
	实际费用				
总评					
备注					

制表人：

▲促销活动分析表

新开发客户报告表

客户名称		电话	
公司地址		电话	
工厂地址			
主办人员			
推销产品			
第一次交易额及品名			
开拓经过			
备注			
批示			

▲新开发客户报告表

销售额统计表

月份：

时间	订单编号	销售人员	产品名称	销售单价	销售量	销售额	备注

▲销售额统计表

客户投诉记录表

	投诉时间	
客户信息	客户姓名	
	所属部门	
	联系电话	
投诉内容		
处理结果		

▲客户投诉记录表

渠道开发进度表

渠道专员：

序号	开发步骤	进度日期					
1	寻找新开发客户资料						
2	进行初步联系						
3	初步拜访						
4	产生意向						
5	报价						
6	渠道主管审核						
7	渠道经理审核						
8	具体沟通						
9	签订合同						

▲渠道开发进度表

销售合同统计表

___月

基本信息				合同内容				
签约时间	签约客户	项目名称	经办人	产品规格	质保年限	预付款	进度款

▲销售合同统计表

第9章

提升质量意识
树立正确品质观

产品外观再好，如果品质不过关，同样难以在市场上立足。因此管理者要想企业产品在市场上受欢迎，企业能够获得长远发展，就必须树立品质观念，做好企业产品质量管理。

9.1 质量管理与质量管理体系

质量管理是企业经营过程中需要重点关注的方面，做好质量管理才能提升市场竞争力，建立质量管理体系则有助于进行质量管理，提升质量管理的效率，进而促进企业发展。

9.1.1 质量管理需要遵循的基本原则

质量管理指确定质量方针、目标和职责，并通过质量管理体系中的质量策划、控制、保证和改进来使其实现的全部活动。

八项质量管理原则是质量管理实践经验和方法理念的总结，是质量管理的基础，适用于所有类型的产品和企业，成为质量管理的理论根基。下面具体介绍八项质量管理原则。

◆ 原则一：以顾客为关注焦点

企业依存于顾客，因此企业应理解顾客当前和未来的需求，满足顾客需求并争取超越顾客期望。

任何企业都应使自己提供的产品满足顾客的需求，如果没有顾客，企业将无法生存，顾客是每个企业发展的动力。企业需要了解客户的期望，并针对这些期望和需要来开发、设计、提供产品和服务。

◆ 原则二：领导作用

企业领导者和管理者要确立企业统一的宗旨及发展方向，应当创造并保持员工充分参与实现企业目标的内部环境。

高层管理者的领导作用、承诺和积极参与，对建立并保持一个有效的和高效的质量管理体系是所有相关方获益必不可少的要件。

◆ 原则三：全员参与

各级员工都是企业之本，只有员工的充分参与，才能使员工的才干为企业带来收益。

为提高质量管理活动的有效性，确保产品质量能满足并超越顾客的需求和期望，就要重视对员工的质量意识、职业道德、以顾客为关注焦点的意识和敬业精神的教育，激发员工的积极性和责任感。

◆ 原则四：过程方法

任何利用资源并通过管理，将输入转化为输出的活动，均可视为过程。过程方法的使用目的是获得持续改进的动态循环，并使企业的总体业绩得到显著的提高。

◆ 原则五：管理的系统方法

系统方法，即从系统地分析数据、资料或客观事实开始，确定要达到的优化目标；然后通过系统工程，设计或策划为达到目标而应采取的各项措施和步骤，以及应配置的资源，形成一个完整的方案；最后在实施中通过系统管理而取得高效性和高效率。

在质量管理中采用系统方法，就是要把质量管理体系作为一个大系统，对企业质量管理体系的各个过程加以识别、理解和管理，以实现质量管理的目标。

◆ 原则六：持续改进

事物在不断发展变化，都会经历一个从不完善到完善甚至改进的过程，持续改进整体业绩应当是企业的一个永恒目标。

企业应不断改进其产品质量，提高质量管理体系及过程的有效性和效率，以满足顾客和其他相关方日益增长和不断变化的需求与期望，提高企业的整体业绩。

◆ **原则七：基于事实的决策方法**

决策是企业中各级领导的职责之一，在一定程度上可以认为是质量管理活动的核心。

有效决策建立在数据和信息分析基础上。应充分重视统计分析技术在决策和质量管理中的作用，当输入的信息和数据足够且能准确地反映事物的真实性时，依照这一方法形成的决策方案应是可行或最佳的，是基于事实的有效决策。

◆ **原则八：与供方互利的关系**

企业与供方是相互依存、互利的关系，可增强双方创造价值的能力，从而实现共同发展。

供方向企业提供的产品，对企业面向顾客的产品有着重要的影响，其高质量的产品直接决定企业最终产品的品质，因此处理好与供方的关系，影响到企业能否持续稳定地向顾客提供满意的产品。

关键在于供方或合作伙伴的选择、评审和监管。建立一个稳固的供方市场是企业质量保证的一个重要条件。

质量管理对于企业来说十分重要，如果企业没有严格的质量管理体系，那么其产品很难在市场处于竞争地位，企业的发展也会受到不利影响。

此外，质量管理也在一定程度上决定了企业的发展前景。把握市场需求，持续进行质量标准改进，才是企业长久发展的良策。

9.1.2 控制产品质量的措施

质量控制是一个系统工程，有其自身的规律和独特的控制方法，如果不掌握正确的质量控制方法，很难控制产品的质量。

企业管理者要注意，控制企业产品质量首先需要了解产品质量控制的相关措施，掌握方法才能做得更好。

◆ **人员的控制**

为保证产品质量，可以针对生产人员和相关责任人进行理论知识、操作技能以及职业素养等方面的培训，使每位员工掌握基本的理论知识、质量缺陷识别、标准化作业流程、设备操作规程、工装设备点检及保养等技能，达到标准作业的要求及熟练的操作技能水平。

提升操作人员的基本素质和作业能力，能够有效提高产品质量，提升工作效率。

◆ **工装设备的控制**

生产过程中，工装设备是保证产品质量的主要环节。因此，为保证产品质量，应当对需要使用到的工装设备进行检查、验证，检查没有问题后再进行使用。对重要的设备应当在使用之前进行检查，使用之后进行保养，降低设备故障率。

◆ **物料的控制**

物料状态也是保证产品质量不可缺少的一部分，因此应当严把采购和入库检查流程，确保企业采购的生产原料不存在质量问题，并对合格的物料进行合理的存储，避免因存储不当造成物料损坏、变质，最终导致企业产品出现问题。

因此，企业应当规范原料采购、质检与保存工作，加强各级监督，确保物料符合企业生产要求。

◆ **生产环境的控制**

严格遵循 6S 管理方式，对生产现场的环境进行管理约束，对物料、工具和产品等进行定置摆放，有效地避免不明物、可疑物、待检产品、不合格产品以及合格产品等发生混淆，有效地杜绝由可疑物的误用而导致的产品质量事故。

拓展贴士 *6S 管理*

6S 管理是一种管理模式，即整理（SEIRI）、整顿（SEITON）、清扫（SEISO）、清洁（SEIKETSU）、素养（SHITSUKE）和安全（SECURITY）。

整理——区分为有必要和没有必要的，除了有必要的留下来，其他的都消除掉。整顿——把留下来的必要的物品依规定位置摆放，并放置整齐、加以标识。清扫——将工作场所内看得见与看不见的地方清扫干净。清洁——将整理、整顿、清扫进行到底，并且制度化。素养——每位成员养成良好的习惯。安全——重视成员安全教育，每时每刻都有安全第一观念。

◆ **生产过程中的控制**

为保证产品质量，生产过程中应加强产品质量检测与控制，要求员工对产品进行自检，工艺质量人员进行巡检，质量管控人员进行专检。通过多道检测工序，确保企业产品的质量。

此外，还可以在产品生产的重要环节或节点进行质量检查，对存在的问题进行及时处理，确保产品质量。

◆ **奖惩的控制措施**

为确保每位员工认真负责地投入工作，应及时编制质量管理的相关书面文件，明确奖惩措施，包括对工作中出现问题而流入到下一工序的员工进行惩罚；对在下工位检查出上工位存在问题的员工进行奖励；对造成批量质量事故的员工进行惩罚；对避免造成批量质量事故采取有效措施的员工进行奖励；对在质量提升方面做出重要贡献的员工进行奖励等条款，有效地调动员工的生产积极性，并大大提升员工的责任心，从而保证产品质量。

此外，还可以通过过程质量问题记录表记录生产质量问题，方便进行追责和上报。过程质量问题记录表见表9-1。

表 9-1　过程质量问题记录表

日期	产品	图纸编号	设备编号	不良数量	问题描述	缺陷程度	处理方法	操作员	质检员

　　企业在生产过程中遇到生产质量问题时，一般可以通过该表格记录清楚相应的信息，包括产品名称、不良数量、问题、缺陷程度以及操作员等信息，方便进行后续处理。

9.1.3　完善企业质量管理体系

　　质量管理体系指在质量方面指挥和控制组织的管理体系。质量管理体系是组织内部建立的、为实现质量目标所必需的、系统的质量管理模式，是组织的一项战略决策。

　　在企业实际运营中，产品质量决定了企业的经营成败，它也是企业形象的内涵所在，也是顾客是否认可企业的首要因素。

（1）质量管理体系的建设要点

　　完善企业质量管理体系是企业管理的重要内容，管理者需要引起注意，主要可以从以下几方面入手。

◆　**建立协调一致的质量管理目标**

　　为满足各受益者需求，企业管理者应制订明确的质量方针和目标，并提出要求，充分动员全员参与质量管理，激发企业上下级共同完成质量目标的决心，使他们的能力得以发挥，潜力得到挖掘。

通过不断扩大管理能量、拓宽管理辐射面和提升管理层次，不仅可以达到质量管理的目的，也容易建立一个重视质量的团队，有利于企业文化的建设。

◆ 管理者要重视质量管理

内部质量审核对企业完善质量体系和提高产品质量具有重要的作用。要做好内部质量审核，关键在于管理者要引起重视。重视质量管理不仅表现在控制不合格产品，更重要的是充分利用内部质量审核体系，促进内部质量管理体系改进。

管理者要认真研究如何建立内审机构、任命干部，确定其职责和制定工作方针，最重要的是要实行专人专管，时刻关注质量，常抓不懈，忌讳调换频繁。

◆ 正确处理质量与自身关系

管理者在处理质量管理工作时应建立相应组织程序，培训人员，制订计划，建立维护内部质量体系，审核、审批报告，必要时亲临生产现场指挥，特别是在产量与质量发生冲突时，产量无疑应服从质量。

管理者在处理质量问题的过程中，应当全身心投入，做好质量把控，保证产品生产效率。

◆ 健全的网络体系、加速全员质量意识

质量管控应重生产而不是重检测，只有有限的质检员是难以完成大量的工作，因此要充分发挥全员的力量，形成广泛的网络层，从而保证每一个细小环节乃至各道关卡都严格过关。

企业应制定个人与部门质量目标与奖惩制度，并对实施过程进行管理和自我结果评价，定时进行业务培训，推进公开双向和各种观点交流，与专职人员上下形成一个整体，使各个过程相互协调、配合和促进，有效利

用人力资源。

◆ **持续改进、不断创新**

持续改进可以不断与客户需求相适应，是一个企业的永恒动力。改进的核心是提高质量管理的有效性和高效率，更科学地实施质量目标、方针。

对于符合逻辑、客观的数据以及测量获得的信息，也要有机地结合起来进行科学分析与研讨，得出行之有效的决策依据，逐渐增强质量管理能力。

◆ **进一步完善质量管理体系**

在建立内部质量体系的基础上，还要因地制宜并结合我国一系列的质量管理程序，形成完整的科学管理体系。主要可以从以下7个方面进行考虑。

①建立质量目标的测量方法。

②应用测量方式，确定当前每一过程的有效规划。

③确定防止不合格和消除其原因的措施。

④寻找改进效率的机会。

⑤要明确指出最佳效果，并对改进的效果测量。

⑥对目标与成果进行评价。

⑦评定改进活动，以确定适宜的后续措施。

（2）质量管理体系的策划与设计

质量管理体系的策划与设计阶段主要是做好各种准备工作，包括教育培训、统一认识、组织落实、拟定计划；确定质量方针、制定质量目标；现状调查和分析；调整组织结构以及配备资源等方面。

◆ **培训认识**

首先，成立以最高管理者（厂长、总经理等）为组长、质量主管领导为副组长的质量体系建设领导小组（或委员会）。其主要任务如下所示。

①体系建设的总体规划。

②制定质量方针和目标。

③按职能部门进行质量管理职能的分解。

其次，成立由各职能部门领导（或代表）参加的工作班子。其主要任务是按照体系建设的总体规划具体组织实施管理工作。

最后，成立要素工作小组。根据各职能部门的分工，明确质量体系要素的责任单位，例如，"设计控制"一般应由设计部门负责。组织和责任落实后，按不同层次分别制订工作计划，要求目标明确、控制进程以及突出重点。

◆ **调查分析**

现状调查和分析的目的是合理选择体系要素，这样才能有针对性地确定质量体系，内容如下所示。

①体系情况分析、产品特点分析和组织结构分析。

②生产设备和检测设备能否适应质量体系的有关要求。

③技术、管理和操作人员的组成、结构及水平状况的分析。

④管理基础工作情况分析。

◆ **文件编制**

从质量体系的建设角度讲，质量体系文件的编制内容和要求，注意以下 6 个问题。

①体系文件一般应在第一阶段工作完成后才正式制订，必要时也可交叉进行。

②除质量手册需统一组织制订外，其他体系文件应按分工由各职能部门分别制订，有利于今后文件的执行。

③质量体系文件的编制应结合本单位的质量职能分配进行。按所选择的质量体系要求，逐个展开各项质量活动，将质量职能分配落实到各职能部门。

④将现行的质量手册（如果已编制）、企业标准、规章制度、管理办法以及记录表格收集在一起，与质量体系要素进行比较，从而确定新编、增编或修订质量体系文件项目。

⑤为了提高质量体系文件的编制效率，减少返工，在文件编制过程中

要加强文件的层次间和文件与文件间的协调。

⑥编制质量体系文件的关键是讲求实效，不走形式，符合本单位实际情况。

9.1.4 完善企业质量管理制度

企业为了落实质量管理要求，通常需要建立质量管理制度，对企业质量管理的方方面面进行规范。在建立质量管理制度的过程中，可能因为考虑不完善导致质量管理制度存在问题。

要完善企业质量管理制度首先需要了解该制度应当具备哪些方面的内容，具体介绍如下。

- 企业质量标准以及产品质量检测规范。
- 用于检验、测试的设备的管理要求。
- 质量检验的执行标准、质量信息的反馈。
- 不合格品的处理办法、质量事故如何处理。
- 质量培训如何有效开展。
- 质量体系内部审核应当如何进行。

案例实操 企业质量管理制度（节选）

第一节　总则

第一条　为了保证本公司质量管理制度的推行，并能提前发现异常，迅速处理改善，借以确保、提高产品质量符合管理及市场需要，特制定本制度。

……

第四条　质量标准及检验规范的制定。

（一）质量标准。

技术研发部在总工程师领导下，会同质量检验部、生产计划部及有关人员参考：①国家标准；②同业水准；③国外水准；④客户需求；⑤本身制造能力；⑥原材料供应商水准，分原材料、在制品和成品编制质量标准。呈总工程师批准后交质量检验部及有关单位凭此执行。

......

第五条　测试设备的校准、维护和使用。

（一）检验测试设备的周期。质量管理部门应依据国家有关计量法律法规、仪器购入时的设备资料、操作说明书等资料，编制定期校准维护周期，作为仪器年度校准、维护计划的拟订及执行的依据。

......

第六条　原材料、外协外购件检验。

（一）原材料、外协外购件进厂后，物资保障部保管员应填写报检单，一式两份，并随同生产厂家合格证或质量证明文件一同报质量检验部总检员，合格后方可验收；若无任何质量证明文件，检验人员有权拒收该产品的报检。

......

第七条　工序检验。

（一）生产过程中各工序的操作者均应按作业指导书或其他技术文件、标准进行操作、自检，并协助检查人员进行工序的监视和测量。

......

第八条　成品检验。

（一）只有对外购、外协产品及过程产品检验和试验合格后，才能对成品进行检验和试验。

......

第九条　质量信息反馈。

（一）公司设计统一的质量信息反馈单，将用户反馈的质量信息及时与技术部门及生产部门取得联系，及时分析、改进和处理，做到用户满意，而自己得到分析提高和改进。

……

第十条 售后服务与质量改进。

销售服务人员应定期走访用户，了解产品的使用情况，听取广大用户对产品的意见和改进建议，发现问题及时处理。对于用户反馈的各类信息要及时与设计、生产部门沟通。要求相关部门认真对待，仔细研究，不断改进产品质量，使之逐步走向完善。

……

第十四条 质量教育。

质量管理是一项"全员参加、全面落实、全过程控制"的工程，所以必须加强全员参加的质量教育，逐步增强质量意识，提高技术水平，加强质量控制的能力，使全员真正认识到"质量就是公司的生命"这个原则的重要性。

……

第四节 监督与检查

第二十条 质检部负责监督和检查各部门质量管理制度的执行情况。

……

以上为某企业的质量管理制度，该制度主要介绍了质量标准及检验规范、测试设备规范、原料采购规范、工序规范、成品检验规范以及质量教育等内容，内容上较为完整。

企业管理者在制定本企业的质量管理制度时，可以参考该制度的结构，在此基础上进行内容调整，从而适合自身企业。

9.2 如何进行全面质量管理

全面质量管理是以产品质量为核心，建立起一套科学严密高效的质量体系，以提供满足用户需要的产品或服务的全部活动。主要以全员参与为基础，目的在于通过顾客满意和本组织所有成员及社会受益而达到长期成功的管理途径。

9.2.1 认识全面质量管理及其基本原则

要做好全面质量管理，首先需要了解全面质量管理有什么特点，下面进行具体介绍。

- **全面性：** 指全面质量管理的对象，是企业生产经营的全过程。
- **全员性：** 指全面质量管理要依靠全体职工。
- **预防性：** 指全面质量管理应具有高度的预防性。
- **服务性：** 主要表现在企业以自己的产品或劳务满足用户的需要，为用户服务。
- **科学性：** 质量管理必须科学化，必须更加自觉地利用现代科学技术和先进的科学管理方法。

企业管理者需要注意，全面质量管理同样存在一定的缺点，即要进行全面管理需要花费大量的成本来宣传、培训和管理，前期可能会导致成本增加。

全面质量管理的特别之处在于必须取得真正的经济效益，并且使顾客对企业产品感到满意。因此，全面质量管理需要遵循一定的原则，具体介绍见表9-2。

表 9-2　全面质量管理需要遵循的原则

原　则	具体介绍
以顾客为中心	任何一个企业想要发展，都要依赖于他们的顾客。只有满足或超过了自己顾客的需求，才能继续生存和发展。全面质量管理需要不断通过 PDCA 循环进行持续的质量改进，以此来满足顾客的需求
发挥领导作用	企业的决策层必须对质量管理给予足够的重视。质量管理部门必须由总经理直接领导，这样才能够引起员工的重视
强调全员参与	全员参与是做好全面质量管理的前提，也是全面质量管理的核心思想，有利于提升整体的质量管理素质
强调过程方法	即必须将全面质量管理所涉及的相关资源和活动作为一个过程来进行管理。PDCA 循环实际上是用来研究过程的，因此必须将注意力集中到产品生产和质量管理的全过程
系统管理	面对质量改进活动首先需要制定、识别和确定目标，理解并统一管理一个由相互关联的过程组成的体系，让尽可能多的部门参与进来，才能最大限度满足客户需求
持续改进	质量管理工作并不是一次完成，而是需要不断改进的。持续改进是全面质量管理的核心思想，统计技术和计算机技术的应用正是为了更好地做好持续改进工作
以事实为基础	全面质量管理也必须以事实为依据，背离了事实基础就没有任何意义。所有的决策都应当建立在对数据、信息进行合乎逻辑和直观的分析上
互利供方关系	企业和供方之间保持互利关系，可增进两个组织创造价值的能力，从而为双方的进一步合作提供基础，谋取更大的共同利益。因此，全面质量管理实际上已经渗透到供应商的管理之中

做好全面质量管理有助于提高产品质量、改善产品设计、加速生产流程以及鼓舞员工士气和增强质量意识，对企业的生存和发展都具有重要的

意义，企业管理者应该引以重视。

9.2.2　质量控制和成本管理

质量控制和成本管理是全面质量管理中的重要内容，管理者需要了解相关的知识，才能够更好地理解和实施全面质量管理。

（1）质量控制

如今，企业仅靠方向性、战略性选择是不够的，还需要提升产品质量。质量控制是为使产品或服务达到质量要求而采取技术措施和管理措施的活动。质量控制的目标在于确保产品或服务质量能满足顾客要求。

质量控制一般分为四个阶段，具体介绍如下：

- 第一个阶段称为计划阶段，又叫 P 阶段（Plan）。这个阶段的主要内容是通过市场调查、用户访问和国家计划指示等，了解用户对产品质量的要求，确定质量政策、质量目标和质量计划等。
- 第二个阶段为执行阶段，又称 D 阶段（Do）。
- 第三个阶段为检查阶段，又称 C 阶段（Check）。
- 最后一个阶段为处理阶段，又称 A 阶段（Act）。该阶段主要是根据检查结果，采取相应的措施。

这个过程的四个阶段就是一个 PDCA 管理循环。PDCA 管理循环是全面质量管理最基本的工作程序，即计划→执行→检查→处理。

这是由美国统计学家爱德华兹·戴明（W·E·Deming）采纳和宣传的，因此也称之为戴明循环。这四个阶段大体可分为八个步骤，具体如图 9-1 所示。

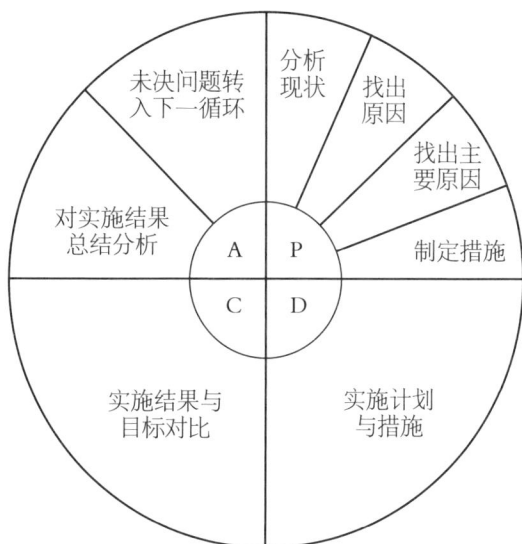

图 9-1　PDCA 循环示意图

从图 9-1 中可以看到 PDCA 循环的基本流程。首先分析企业现状，制定具体措施；其次实施具体计划与措施，接着将计划实施结果与目标进行对比；最后进行总结分析，未解决的问题进入下一循环。

企业在进行全面质量管理时，面对问题同样可以采用这种流程进行分析与解决问题。

PDCA 循环管理具有如下特点。

- PDCA 循环工作程序的 4 个阶段顺序进行，组成一个大循环圈。

- 每个部门、小组都有自己的 PDCA 循环，并成为企业大循环中的小循环。

- 阶梯式上升，循环前进。

（2）成本管理

这里的成本管理并不是单指成本管理，而是质量成本管理。质量成本管理指企业对保证和提高产品质量的成本，有组织、有系统地进行预测、决策、计划、反映、控制、分析和考核等一系列的科学管理工作。

下面具体来看进行质量成本管理对企业有何好处。

控制和降低成本。顾客对外观、精密度和可靠性要求越来越高，使产品质量成本在产品总成本中所占的比重不断增大。通过质量成本管理能够有效降低成本。

提高产品品质。对质量成本进行分析与计算，有助于推进质量改进计划的实施，提高产品的可靠性，预防潜在不合格产品的产生，从而能够提升产品品质。

便于掌握质量管理中存在的问题。通过质量成本计算与分析，企业的管理层能看到各项费用所占的比例，能具体了解产品质量和质量管理中存在的问题，以及对企业经济效益带来的影响。

拓宽成本管理范围。加强质量成本管理，实际上是对成本实施全过程的预防性控制，针对不同职能分别核算，从而扩大成本管理的职能和工作范围，使成本管理进入一个新阶段。

质量成本管理是对产品从市场调研、产品设计、试制、生产制造到售后服务的整个过程进行的成本管理，是全员参加的对生产全过程的全面质量管理。具体来说，质量成本管理一般包括以下几个方面。

- 产品开发系统的质量成本管理。
- 生产过程的质量成本管理。
- 销售过程的质量成本管理。
- 质量成本的日常控制。

案例实操 全面质量管理制度（节选）

一、基本原则

全面质量管理是对企业、全体工作人员和生产全过程的管理。建立全面质量管理制度是组织和发展生产的基本条件，必须坚持以生产为中心，以质量为重点，管生产必须管质量的原则。为了保障产品质量，特制定全面质量管理制度。

......

二、组织机构

组建全面质量管理小组。

......

三、全面质量管理职责

1. 项目部各级领导职责

（1）对职工进行"质量第一"和TQC教育，开展职工创优活动。

......

四、开展QC小组活动

开展群众性QC小组活动，项目部各级部门领导应亲自参加，抓好该项工作。

......

五、施工质量管理

（1）认真贯彻国家有关质量方针政策和上级的有关指示，领导职工执行国家和企业颁布的保证工程（产品）质量的规程、制度和措施，对职工进行"质量第一"的全面管理教育。

......

六、质检工程师职责

（1）质检工程师是工程质量的检验和监督者，认真贯彻国家和行业有关保证工程质量的法令、法规，遵守公司各项规章制度，监督本项目部职工严格按图施工。

......

以上为某企业的全面质量管理制度，该制度首先明确了开展全面质量管理的原因，然后明确了负责全面质量管理的组织机构，接着明确了各级领导的职责，最后明确了施工质量、QC 小组以及质检工程师等相关内容，可供参考。企业管理者应当根据企业现状和所处行业特点，制定符合自身发展要求的全面质量管理制度。

9.2.3　全面质量管理的工具

全面质量管理常用工具主要指在开展全面质量管理活动中，用于收集和分析质量数据、分析和确定质量问题以及控制和改进质量水平的常用七种方法。

企业管理者或是底层领导（班组长）掌握这些实用工具，能够将其应用到生产经营活动中，带领员工生产更高质量的产品。

下面具体介绍全面质量管理的常用工具，见表 9-3。

表 9-3　全面质量管理工具介绍

工　具	具体介绍
统计分析表法和措施计划表法	质量管理讲究科学性，一切凭数据说话。因此对生产过程中的原始质量数据的统计分析十分重要，为此必须根据本班组、本岗位的工作特点设计出相应的表格进行数据管理
排列图法	排列图法是找出影响产品质量主要因素的一种有效方法。制作排列图的步骤：①收集数据；②分层处理；③进行计算；④作排列图
因果分析图法	因果分析图又叫特性要因图。按其形状，有人又叫它为树枝图或鱼刺图。该工具的运用需要注意影响产品质量的大原因，通常从五个大方面去分析，即人、机器、原材料、加工方法和工作环境
分层法	分层法是把收集来的数据按照不同的目的加以分类，把性质相同、在同一生产条件下收集的数据归在一起。这样可使数据反映的事实更明显、更突出，便于找出问题，对症下药
直方图法	是用一系列宽度相等、高度不等的长方形表示数据的图。长方形宽度表示数据范围的间隔，长方形的高度表示在给定间隔内的数据值
控制图法	以控制图的形式，判断和预报生产过程中质量状况是否发生波动的一种常用的质量控制统计方法。它能直接监视生产过程中的过程质量动态，具有稳定生产、保证质量和积极预防的作用

续表

工　具	具体介绍
散布图法	指通过分析研究两种因素的数据之间的关系，来控制影响产品质量的相关因素的一种有效方法。将两种有关的数据列出，用点标注在坐标图上，然后观察这两种因素之间的关系。这种图就称为散布图或相关图

9.3　相关表单模板

▲不合格现象预防处理表

▲产品抽查汇总表

▲出厂产品检验表

▲生产质量控制表

原料进厂检验报告

日期：　年　月　日　　　　　编号：

名称		型号	
数量		供应商	

序号	检验项目	检验标准	检验结果

检验结果判定：□合格　　□不合格　　决议：□允许　　□特采　　□退货

检验人：　　　　　核准人：　　　　　日期：

备注：

▲原料进厂检验报告

质量标准变动表

品名	型号	原执行标准	原指标		修改后的指标		修改原因	修改依据	结论
			A	B	A1	B1			

▲质量标准变动表

产品质量管理标准表

产品名称								
规格			编号					

类别	检验专案	抽验方法	检验方法	管制标准				
				日期	标准	日期	标准	日期	标准
成品								
生产过程								
专用材料								

▲产品质量管理标准表

工序质量异常报告表

异常内容	工序		管理图号		
	场所		产品批号		
	时间				
	现象		原因 □明	□不明	
应急对策	负责人		时间	年　月　日	
调查	负责人		调查开始	调查结束	
今后对策		对工序		对标准	
	开始时间		结束时间		
备考意见		采取防止再发生对策			
		原因不明进行了处置			
		判断了原因进行处置			
		判断原因进行应急处置			
		原因不明做了应急处置			
		原因不明未处置			
异常处置进行表	发生	年月日	应急处置	年月日	对策终了	年月日

▲工序质量异常报告表

第10章

严管库存和后勤
重视存货管理和后勤工作

库存和后勤对于企业来说并不会直接产生经济效益，然而企业如果忽略了库存和后勤管理，便会因此遭受不必要的损失，甚至使企业陷入困境。管理者应严管库存和后勤工作，解决企业的后顾之忧。

12

10.1 了解企业库存管理的要点

库存管理对企业来说十分重要，库存管理不合理容易导致货物积压、缺货以及生产与需求不匹配等情况。这就要求企业管理者必须加强库存管理，降低库存误差，促进企业健康发展。

10.1.1 快速了解仓储情况和仓储饱和度

企业产品的库存情况对企业发展有重要影响，合理的库存才能避免企业出现缺货或是货物积压导致的亏损。

作为管理者应对企业的仓储情况有一定了解，才能方便及时进行调整。下面具体来看如何了解企业的仓储情况和仓储饱和度。

（1）了解企业仓储情况

仓储情况指企业库存中各种商品的数量、规格以及各期的流动情况，了解企业的仓储情况就能够了解企业产品的储存现状，方便企业管理者及时调整生产策略，避免出现库存积压或是库存不足的情况。

企业的库存商品流动情况通常会在库存报表中进行详细记录，因此，通过该报表即可快速了解企业仓储情况。下面来看库存报表的基本模板，如图 10-1 所示。

库存报表

单位名称：　　　　统计时间：　　　　单位：元

项目	规格型号	单位	上期余额			当期余额			本期入库			本期出库			备注
			单价	数量	金额	单价	数量	金额	单价	数量	金额	单价	数量	金额	
合计															

图 10-1　库存报表模板

图 10-1 为库存报表模板，其中分别记录各产品的规格型号、单位、上期余额、当期余额、本期入库和本期出库数据，管理者通过该表格即可快速了解仓储变化情况。

此外，在记录该表时可以将各项原材料的仓储情况也进行记录，分别进行统计，方便同时了解原料的仓储情况。

（2）了解仓储饱和度

仓储饱和度简单理解就是企业存货占库存最大储量的比重，仓储饱和度越高，则越有可能出现库存积压、资金周转不灵的情况；仓储饱和度过低，则可能难以满足市场需求。

要了解企业的仓储饱和度，可以借助库存盘点报告表，见表 10-1。库存盘点报告表通常用来每日或每周对库存情况进行盘点，方便管理者了解库存情况。

表 10-1 库存盘点报告表

盘点时间：　　　年　月　日　　　　　　　　　共　　页，第　　页

品名	规格	单位	上月盘存	本月入库	本月出库	本月结余	备注

办事处主任签字：　　　　　　　　　　　　仓库保管员签字：

　　表 10-1 为库存盘点报告表，根据企业要求不同，在不同时间进行库存盘点都可。企业管理者通过该表可以了解到企业当前库存的具体情况、仓储饱和度是否合理。如果仓储饱和度过高或者过低，则需要管理者引以注意，及时调整生产策略，确保库存合理。

10.1.2　如何了解企业库存资金情况

库存资金指企业从用货币资金采购物资开始，直到物资出库为止，在供应过程中所占用的流动资金。

那么对于企业而言，设置库存资金有什么具体作用呢？

保证生产需要。企业生产连续进行，所需材料品种繁多，通常采用分批分次采购。连续生产所需的自制半成品同样需要资金支持。

保证销售需要。企业通常需将完工产品积累到销售合同规定的数量之后，才能一次成批发货。商业企业经营的商品也往往是成批购入、逐日销售。对于市场需求不稳定的商品，尤其要保持一定库存资金，以调节供需。

降低生产成本。市场需求旺盛时多生产，需求衰弱时少生产的做法，会使生产能力得不到充分发挥，还会相应提高单位固定成本。均衡生产可降低生产成本，但会形成时高时低的库存资金需求。一台设备承担几种不同产品的生产时，只有分批轮换生产才是最经济的。

降低采购成本。在库存资金限制下，按整批进货或按一次较低采购单价而购进的材料、商品，可降低采购成本。同时，也因采购次数减少而减少库存资金的管理费用。

缓冲工作损失和意外事故。采购、运输、生产和销售中都可能发生工作失误和意外事故，有一定库存资金可以使正常的产销活动避免因意外而造成的损失。因此，有必要对库存资金进行合理的计划和有效控制。

对于企业而言，要加强库存资金的管理，才能更好地解决生产销售的各种问题。加强库存资金的管理，应主要做好三个方面。

控制合理库存量。合理的库存量是在满足经营需要的前提下的最低限量。根据可靠的历史资料，掌握供需变化的情报，采用科学的方法，核定合理的库存定额，是加强库存资金管理的前提和基础。

研究、分析库存资金结构。应当经常研究、分析库存资金的结构，协调各职能部门的关系，积极处理呆滞、积压的物资，努力扩大适销对路的物资比重，提高库存物资可供能力，促进货畅其流，使库存资金保持在合理水平。

确保库存资金安全。各部门应密切配合仓储部门和有关部门加强物资的维护保养，严格经济责任和管理手续，防止物资残损、丢失，影响库存资金的安全性。

对于企业管理者而言，要了解库存资金情况，通常只需要借助库存金额月报表，见表10-2。

表 10-2　库存金额月报表

月份：　　　　　　　　　　　　　　　　　　页次：

物料名称	物料种数	库存总额	平均每月使用金额	估计可供应日数	备注

审核：　　　　　　　　　　　　　　　　填表：

通过该表格即可快速了解企业库存金额的具体情况，还可了解供应的日数，从而了解企业的库存资金结余情况。

10.1.3 通过周转情况看企业营销状况

营销状况的好坏，在一定程度上可以表示企业的销售情况，这是企业管理者比较关心的，对企业影响较大。

企业管理者想要了解具体的营销状况，可以通过存货周转率指标来进行具体分析。

存货周转率又名库存周转率，是企业一定时期销售收入（销售成本）与平均存货余额的比率，用于反映存货的周转速度，是对流动资产周转率的补充说明，是衡量企业投入生产、存货管理水平及销售收回能力的综合性指标。

下面来看存货周转率的计算公式。

存货周转率（次）＝销售收入（销售成本）÷平均存货余额

平均存货余额＝（年初存货余额＋年末存货余额）÷2

存货周转天数＝360÷存货周转率（次）

一般来讲，存货周转速度越快，存货占用资金的水平越低，流动性越强，存货转换为现金、应收账款等的速度越快，表示企业营销状况良好。

提高存货周转率可以提高企业的变现能力，而存货周转速度越慢则变现能力越差。

拓展贴士 *存货周转率计算注意事项*

计算存货周转率时，使用"销售收入"还是"销售成本"作为被除数，看分析的目的。如果分析目的是判断短期偿债能力，应采用销售收入；如果分析目的是评估存货管理业绩，应当使用销售成本。

分析存货周转率时还应关注构成存货的产成品、自制半成品、原材料、在产品和低值易耗品之间的比例关系。正常情况下，各类存货之间存在某种比例关系，如果某一类的比重发生明显的大幅度变化，可能就暗示存货管理存在某种问题。

案例实操 存货周转率计算

某企业主要从事电子器件生产，一年的主营业务成本为 3 200 547 万元，年初存货余额为 1 308 737 万元，年末存货余额为 95 871 万元。根据以上数据即可计算该企业的存货周转率。

平均存货余额 = （1 308 737+95 871）÷ 2 = 702 304（万元）

存货周转率（次）= 3 200 547 ÷ 702 304 = 4.56（次）

存货周转天数 = 360 ÷ 4.56 ≈ 79（天）

一般情况下，该指标（周转次数）越高，表示企业存货由于销售顺畅而具有较高的流动性，存货转换为现金或应收账款的速度快，存货占用资金的水平低。

10.1.4 重视仓储的损耗率，减少储存损失

仓储损耗对于企业存货来说可能只占很小的比例，但是如果企业管理者不重视，经过不断累积，还是会给企业带来较大损失。

商品损耗指商品在运输、保管（包括代保管）及销售过程中所发生的自然损耗，主要可以分为有形损耗和无形损耗，下面进行具体介绍，如图 10-2 所示。

有形损耗

有形损耗又称物质损耗，一方面指由于使用而产生的磨损，另一方面指由于不使用而产生的损耗。库存商品发生的有形耗损属于后者。

无形损耗又称精神损耗，有两种类型。第一种指由于劳动生产率提高和材料损耗降低，生产同种产品比原来消耗较低引起产品贬值；第二种指由于新技术普及和新工艺出现，产生了效果更好的替代产品，使原有产品贬值。

无形损耗

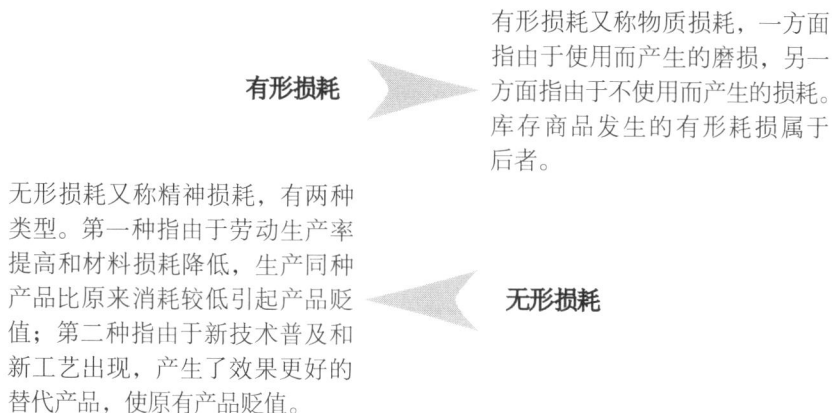

图 10-2 了解有形损耗和无形损耗

一般而言，仓储活动应该尽力避免的是商品的有形损耗。商品的有形损耗按照损耗的原因又可分为两种情况。

- **异常损耗：**指由于非正常原因，例如保管养护不善、装卸搬运不当和管理制度不严格等造成的散失、丢失及破损等损耗现象。
- **自然损耗：**指由于商品本身的物理化学变化和外界自然因素的影响造成的损耗现象。

商品的损耗情况可以用商品损耗率来表示，商品损耗率的计算公式如下：

商品损耗率 ＝ 商品损耗量 ÷ 商品在库总量 ×100%

商品损耗率 ＝ 商品损耗额 ÷ 商品在库总额 ×100%

例如一件 6 kg 的某商品加工后存储一段时间后，能够出售部分有 3.6 kg，则商品损耗率为（6-3.6）÷6×100%=40%。

商品损耗率指标主要用于那些易干燥、风化、挥发、失重或破碎商品保管工作的考核。为了核定商品在保管过程中的损耗是否合理，一般对不同的商品规定相应的损耗率标准，又称为标准损耗率。若仓库的实际商品损耗率低于该标准损耗率，则为合理损耗；反之，为不合理损耗。

商品损耗率是一个逆指标，该指标越小说明商品保管工作做得越好。企业应尽量降低商品损耗率。商品损耗率不仅是考核仓库保管工作质量的指标，也是划清仓库与存货单位的商品损失责任界限的重要指标。

下面来看某企业的商品定额损耗管理规定。

案例实操 某企业的商品定额损耗管理规定（节选）

某企业主要负责医药生产，为规范企业仓储管理，于是制定了商品定额损耗管理规定，关于保管损耗的规定如下所示。

第四章　保管损耗

第十七条　保管损耗指商品由收货方点收入库起至出库秤量点交止，整个保管过程中所发生的损耗。

第十八条　制定保管损耗的依据，包括各类商品的性质、保管条件的好坏、保管时间的长短、包装情况、商品检斤磅差和除皮等因素。

第十九条　保管过程中，内部转移仓库所发生的损耗，应包括在保管损耗中处理，不得另行计算运输损耗。由于转移仓库而发生超定额损耗时，可说明转移仓库原因，报请单位领导批准。

第二十条　商品在保管过程中，有关灌装、脱皮、粘皮、倒桶和变更包装等各项损耗率，可分别计算，如限于设备条件，暂时无法分别计算的，可并入保管损耗中计算。

第二十一条　商品在保管过程中，如保管条件变更，应按占保管时间较长的保管条件的损耗率计算整个保管时间的损耗。

第二十二条　商品的保管损耗应实行分批结算、分批报耗的办法，如因商品出入库过于频繁，经常变动，可按平均保管日期和平均保管数量计算损耗率。如到每年年终，尚未出清的，应进行清查盘点，根据实际损耗数字，及时办理损耗报销手续。

第二十三条　各级医药、药材公司委托商业仓储公司保管的商品，其商品损耗的负担应按商业部有关规定办理。

通过以上制度可以看出，该制度明确了保管损耗的相关情况、发现损耗的处理办法以及保管损耗的结算方法等。在实际操作中，企业管理者还可以加入对违反损耗管理规定员工的处罚条款。

10.1.5　准确判断供应链竞争力度

供应链竞争力度是企业发展的关键，具有竞争力的供应链才能促使其不断发展。供应链的竞争力度难以直接考量，通常可以用仓储账物卡准确率衡量。

一般情况下，仓储账物卡准确率越高，企业的供应链竞争力度也就越高。因此，企业管理者应当重视如何提高仓储账物卡准确率，下面具体介绍相关方法。

正确处理呆滞物料。对那些不能使用的物料要及时进行处理；对暂时不能使用的物料进行单独分类保存，并且做好账物卡管控。

标识材料卡。在材料卡上标明物料名称、规格、型号以及出入库等信息，以便能及时清楚地了解物料保管情况，材料卡上明确安全存量。

物料收发要求。严格按照物料出入库单据收发；物料摆放合理，清点清楚；严格按照领料时间领料，核对出库物料是否与发料信息一致。

材料核对。仓库管理人员负责对当天进出物料进行核对；仓库巡查人员要随机抽查物料保存情况，核对收发物料与单据是否相符。

了解什么是账物卡

仓库管理工作的"账物卡"，所指的"卡"是物料卡，有些企业叫库存卡、存货卡或进出记录卡等。一般放在货物的旁边，用于记录货物的实际入库、出库的日期、数量和当前库存数量。账物卡准确率指企业仓库中产品数量、账目与记录的卡片的匹配程度。

下面来看某企业的物料库存卡，见表 10-3。

表 10-3　物料库存卡

页次：

物料编号				最高储备量			
物料名称				最低储备量			
物料规格				计划单位成本			
日期 月	日期 日	凭证编号	内容	单位	收入数量	发出数量	结存	备注

当企业物料库存发生变化时，由仓库现场的收发人员登记该表，确保与货物的进出库、库存保持一致。可用于现场人员盘点货物，也可用于账务人员对账，货与卡一致、卡与账一致。

案例实操 仓库账目准确率规定（节选）

3. 责任

各仓库管理人员要坚持做好仓库的日清日结工作。做到单据清、存卡清和账目清。每天所有的物料进出所产生的单据，仓管员要及时处理与录入。

对每一项物料的进出要审核单据的正确性，并依据单据核对实物的数量、品名和规格无误，并要有相关经办人员签名确认。签名必须用正楷字，并加注签名日期。

收货员严格把好收货验收关。对整箱／包的物料要抽查数量，对尾数要全面清点。收货员对每一批收货物料要核对收货日期、供应商名称、订单号码和来料品名规格是否齐全。

做好仓库物料的防护工作。对存放时间超过一定期限（期限规定可以按品质提供的物料保存周期进行送检）的物料要申请重检，确保账面物料处于正常的品质状态。

仓管员坚持每天抽查一个仓库的账、卡、物状况，并要有相应的抽查记录。

对于每次清查或抽查发现的盘盈、盘亏物料，要立即分析原因，及时采取补救措施，做出差异分析，提出整改措施，明确相关人员所应担负的责任。

仓库的存卡与账本要按规定的格式进行登记，对于需要改正的数据，要采用规范的方式进行更正，不得随意涂改。

对于因仓库防护不当造成丢失、损坏物料，仓管员负赔偿责任。

4. 措施

考核盘点的组织实施，以内部自盘为主，内部盘点结果列入月度考核。月度抽盘由财务部随机抽盘，统一列入月度考核。

仓库盘点后马上与账目数据进行核对，保证库存的准确性。

以上为某企业关于仓库账目准确率规定的部分内容，其中明确了仓库管理人员的行为规范、工作要求、赔偿要求以及将仓库管理情况纳入月度考核等具体规定。

同样的，企业管理者可以借鉴该规定的内容，结合企业实际情况，完善自身企业的仓库物料管理制度。

10.2 后勤管理的基本要点

后勤管理虽然与企业生产经营没有直接关系，但是会对企业生产经营工作产生一定的影响。如果后勤管理不当，可能会使企业内部管理混乱，不利于企业发展。

10.2.1 规范申请住宿的基本流程

有的企业会为员工提供宿舍，方便员工居住，如果没有进行具体规范，则员工宿舍可能发生一些不必要的事故，给企业造成损失，背离企业规范管理的初衷。

管理者需注意，规范企业员工宿舍管理，首先要明确宿舍申请的基本流程，让所有员工都能够按照既定的规章办事，让企业宿舍管理更加规范。

申请宿舍的基本流程按照申请人的不同，可以分为两类，分别是公司员工申请和其他人员申请住宿，下面分别进行介绍。

（1）公司员工申请

公司员工申请入住公司宿舍，可能是员工刚入职申请入住，也可能是公司老员工申请入住。这些员工申请住宿都需要填写相应的申请表，经过审核后才能入住，具体流程如图 10-3 所示。

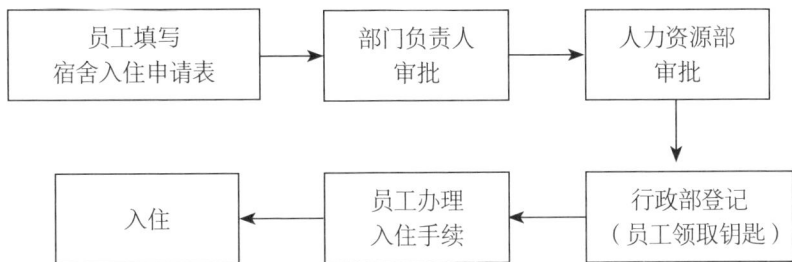

图 10-3　公司员工入住宿舍申请流程

（2）其他人员入住

其他人员包括外来人员、其他分部人员以及其他满足条件的人员，通常由公司安排入住，具体流程如图 10-4 所示。

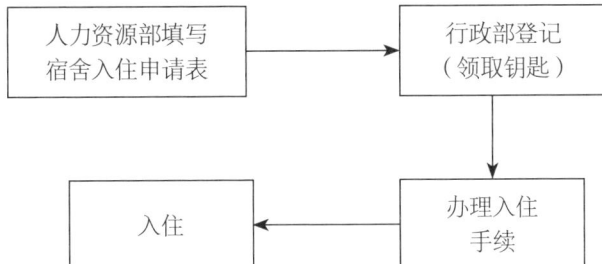

图 10-4　其他人员入住宿舍流程

企业管理者应当根据企业的实际情况确定员工入住企业宿舍的基本流程，方便进行规范管理。

宿舍入住申请表，见表 10-4。

表 10-4　员工宿舍入住申请表

日期：

姓名	性别	联系电话	所属部门	职位
申请原因			离宿日期	
部门经理			综合部经理	
安排房间			钥匙领用	
1. 本人已经认真学习并熟知《公寓员工宿舍管理制度》 2. 本人自觉自愿接受并遵守《公寓员工宿舍管理制度》 3. 本人如违反《公寓员工宿舍管理制度》，自愿接受相关条款的处罚及处理意见 4. 退宿时，领用的钥匙需退还综合部，如有遗失或损坏，将以成本价赔偿				
承诺人：　　　　　年　　　月　　　日				

在该申请表中需要填写员工性别、联系方式、所属部门、职位以及申请原因等多种信息。此外，员工申请前还需要了解《公寓员工宿舍管理制度》，明确需要遵守的规则。

10.2.2　员工宿舍物品管理要点

企业员工宿舍是企业为员工提供的住宿场所，同时也会提供相应的设备设施，员工应当爱护。然而在实际操作中，员工宿舍可能存在宿舍物品损坏严重和管理不善等问题。

那么企业管理者应该从哪些方面来对企业员工宿舍的物品进行管理呢？

完善宿舍物品管理规定。企业应当根据实际情况制定相关宿舍物品管理规定，在员工申请宿舍时让其事先阅读了解并签订遵守协议。

定期检查。定期对员工宿舍的相关物品、设施等进行检查，对故意损坏的物品要求员工赔偿。

加强巡查。宿舍管理人员要加强员工宿舍巡查，对宿舍中的不文明现象和不合理现象进行纠正。

案例实操 某企业关于宿舍物品管理的相关内容（节选）

某企业的员工宿舍刚投入使用一年，就已经一片狼藉，物品损坏严重。为了解决这些问题，该企业管理者建立了宿舍物品管理规定。

……

4.2 员工对宿舍用品的管理

4.2.1 宿舍公共用品。

（1）应爱护宿舍公共用品，保持清洁，如有损坏，由责任人赔偿；如是共同使用，则由宿舍人平均承担。

（2）宿舍电器使用与管理。空调、风扇和电饭煲等，发现异常情况应停止使用并报告人事行政部。

4.2.2 员工个人床上用品管理

（1）公司为员工准备相同的床上用品（包括棉絮1床、垫絮1床、棕垫1床、枕套1个、凉席1床），员工入职时到人事行政部领取，公司免费提供盖絮、垫絮和棕垫给员工使用；被套、床单以及枕头由员工自行解决。

（2）当员工离职时，需交还公司免费提供的盖絮、垫絮和棕垫给人事行政部，人事行政部需在员工离职表上签字确认员工是否归还和是否损坏宿舍物品。若未归还，按当时市场价150%赔偿；若损坏，按当时市场价格赔偿。

（3）员工应爱护宿舍用品，保持清洁无破损。冬天应经常晾晒床上用品。不常用物品应封好或交回人事行政部进行保管。

（4）宿舍内门窗、玻璃、桌椅、床橱和水电设施等公共设施应爱惜使用、保管，不得私自拆装或挪移。

4.3 人事行政部对宿舍用品的管理

4.3.1 宿舍用品由人事行政部根据需求填写申购单，经人事行政部审核，交总经理审批，再交采购部采购。

4.3.2 人事行政部负责宿舍用品的验收、保管，并建立宿舍用品台账。

4.3.3 人事行政部应根据床上用品的领用情况备好库存，以备临时需求。

4.3.4 人事行政部要定期检查各宿舍电器是否正常工作，如有故障，应及时报告，并负责联系维修事宜。

以上制度分别从员工对宿舍用品的管理、人事行政部对宿舍用品的管理两方面对员工宿舍物品管理进行了细致规定。包括公司为员工提供相应的物品，若未按时归还，则需要进行赔偿，并由人事行政部负责监督和管理，管理内容较为全面，可供管理者参考。

10.2.3　完善餐厅厨房卫生管理制度

许多企业都会为员工提供员工餐厅，方便就餐，然而餐厅的卫生问题往往难以保障，这对于企业来说是一个很大的管理隐患，管理者如果不重视，则可能给企业带来损失。

完善餐厅厨房卫生管理应当从以下方面入手。

管理人员应引起重视。企业员工餐厅厨房的卫生问题很多时候都是因为企业管理者不重视，听之任之，等到出现事故才追悔莫及。因此，管理者对厨房已发生问题要及时予以关注。

缺乏相应的管理制度。员工餐厅厨房卫生得不到保障可能是餐饮从业人员不重视，企业应制定相应的管理制度，对餐饮工作者的行为和环境卫生等进行具体规范。

提升餐饮从业人员的素质。餐饮从业人员素质低下也有可能导致餐饮问题，给企业造成负面影响。企业应当定期组织培训，加强餐饮从业人员职业教育，提升从业人员素质。

注意餐饮原材料管控。餐饮问题通常是由原料问题引起的，例如原材料腐败变质等，因此应当注意对员工餐厅使用的原材料进行规范管理。

企业管理者在完善或制定企业餐厅厨房卫生管理制度时，可以参考以上几点，再结合企业餐厅的实际情况进行调整。

案例实操 某企业员工食堂卫生管理制度（节选）

某企业为规范企业面临的员工餐厅厨房卫生问题，制定了相应的食堂卫生管理制度，如下所示为该制度的部分内容。

……

4.2 食堂工作人员管理及食堂管理制度

4.2.1 食堂工作人员。

（1）食堂工作人员每年进行一次健康检查，无健康合格证者，不得上岗作业……

4.2.2 食品制作场所。

（1）设置标志，禁止非工作人员进入食品制作区……

4.2.3 食堂炊食用具。

（1）餐具、杯具做到一洗、二清、三消毒，食堂必须配备消毒碗柜和筷子消毒机，消毒效果要定期进行验证，如果有一项不合格就进行负激励50元……

4.2.4　食品原料的采购、验收。

（1）食品肉类及其制品必须购买卫生免疫部门检验合格的……

4.2.5　食品加工过程。

（1）蔬菜清理后，应先洗后切，菜要洗净，防止泥土或昆虫夹杂在菜中，出现一次进行负激励10元……

4.2.6　食品存放。

（1）食物应在专门的库房存放，实行"三隔离"，熟食与生食隔离、成品与半成品隔离以及食品与杂物隔离，发现一次未隔离的进行负激励20元……

4.2.7　刀、机具的操作。

（1）刀具操作时应注意力集中，防止割伤手指……

4.3　监督检查

4.3.1　后勤专员对成品、半成品生熟隔离情况，消毒设施完好备用情况，原料接收及检验情况，工作人员个人卫生情况，操作台卫生情况，餐具、炊具和菜具消毒情况，熟食容器消毒情况，以及刀具的卫生情况每班巡检两次……

该制度结构上较为全面，分别从食堂工作人员管理及食品管理和监督检查两个方面规范。同时对食堂工作人员、食品制作场所、用具、原材料、加工过程以及食品存放等进行了规定，并且明确了违反各项规定将会受到的处罚，从而对厨房工作人员进行警醒。

10.2.4 开展员工餐厅用餐满意度调查

开展员工餐厅用餐满意度调查的目的是了解员工对餐厅用餐的满意度情况，通过员工的反馈情况，可以对员工餐厅进行改进，让员工更加认可餐厅提供的就餐服务。

常见的满意度调查方式见表 10-5。

表 10-5 常见的满意度调查方式

方　　法	具体介绍
数据采集法	数据采集是针对调查对象所获得的一系列的数据，这些合理有效的数据涉及各个层面，比如数据的采集方式、数据采集的方法等。数据采集过程中，一定要事先做好各项内容设置，这也是获得一手调查数据的关键性
谈话法	谈话法在调查当中起到的作用是以最快的速度进入到调查范围内，针对调查的主要数据进行采集，获取调查的主要内容等
问卷调查法	问卷法就是研究者用控制式的测量对所研究的问题进行度量，从而搜集到可靠的资料的一种方法。问卷法大多用邮寄、个别分送或集体分发等方式发送问卷，实施调查

在实际工作中常用问卷调查法来进行满意度调查，获得员工对企业餐厅用餐满意度情况，再对调查结果进行整理，最终得出员工对企业餐厅服务的看法和要求。

表 10-6 为某企业的员工食堂用餐满意度调查表。

表 10-6 公司员工食堂用餐满意度调查表

公司员工食堂用餐满意度调查表

亲爱的同事：

您好！非常感谢您对公司餐厅管理的关注。为了进一步了解您对餐厅的期望，希望您能抽出几分钟的时间填写一下问卷，针对餐厅各方面，我们将会认真总结、分析并加以改进，努力把餐厅工作做得更好，感谢您的支持！

1. 您觉得饭堂工作人员的服务态度如何？
  A 很好   B 较好   C 较差   D 很差

2. 您觉得饭堂打的饭菜分量如何？
  A 太多   B 还可以   C 不够   D 太少

3. 您是否经常吃到不新鲜的剩余饭菜？
  A 很新鲜 B 基本上可以 C 偶尔不新鲜 D 经常不新鲜

4. 您在食堂餐饭中是否发现异物？
  A 很干净卫生 B 没注意   C 发现过小异物 D 每餐我都有看见

5. 饭堂工作人员个人卫生如何？
  A 干净   B 比较干净 C 比较脏   D 很脏

6. 目前您在饭堂用餐还碰到过排了很久的队，轮到自己时没有菜的情况吗？
  A 经常有 B 偶尔有   C 没有

7. 您觉得食堂饭菜口味怎么样？
  A 很好   B 还行   C 一般   D 有待提高

8. 您认为饭堂的菜类更新如何？
  A 经常更新 B 还算可以 C 好像没什么变化 D 很死板

9. 您认为食堂每餐的肉和菜搭配如何？
  A 肉和菜搭配，不油不腻，口感不错   B 肉不错，青菜不好吃
  C 青菜不错，肉比较难吃   D 有时都不错，有时都较差

10. 您觉得目前饭堂的菜式怎么样？
  A 款式多变 B 变化不多 C 一成不变   D 不知道

11. 您目前最关注下面哪些问题（多选）？
  A 饭堂的环境 B 工作人员服务态度 C 饭菜的价格 D 饭堂的餐具卫生
  E 菜式搭配

12. 您对目前饭堂的满意度打几分？
  A 100 ~ 90 分 B 90 ~ 80 分 C 80 ~ 70 分 D 70 ~ 60 分 E 60 以下

13. 您认为饭堂工作人员的工作态度是？
  A 很敬业 B 比较敬业 C 不敬业   D 消极怠工

您的建议将是促使饭堂改变的开始？

1. 您认为饭堂存在哪些问题？应该怎样改进

2. 您认为饭堂应该增加哪些菜式

10.3 相关表单模板

仓库盘点记录表

序号	编号	名称	规格	单位	在库数量	初盘数量	复盘数量	备注

▲仓库盘点记录表

库存金额统计表

年　　　月　　　日　　　　　　　部门：

日期	订单销货		直接销货				出货				库存额	备注
	销货金额	销货退回	总销货额	折扣	合计	销货净额	销货成本	进货退回	合计			
上期转入												
转入下期												

▲库存金额统计表

库存用料计划表

目次				
品名及规格				
材料编号				
生产量	数量			
	单位			
单位用量				
用量小计				
损耗率（%）				
总用量				
库存量	库存			
	数量			
计划用量				
单价				
金额				
需要日期				
请购单号码				
需要日期	5			
	10			
	15			
	20			
	25			
	30			
备注				

▲库存用料计划表

员工宿舍申请表

姓名		所属部门		职务	
联系电话		申请时间		入职时间	
申请缘由					

申请要素	一、申请住宿条件： 1. 员工在本公司所在地距离 5 公里以上无适当住所或交通不便者。 2. 因工作需要值班者。 二、凡有以下情况之一者，不得住宿： 1. 患有传染病者。 2. 有不良嗜好者。 三、住宿员工有下列情况之一者，除取消其住宿权利（通宿）外，并呈报公司管理部门处罚： 1. 不服从公司指定的宿舍管理人员的监督和调配。 2. 在宿舍赌博、斗殴及酗酒。 3. 蓄意破坏公用物品或设施，或恣意浪费相关资源等。 4. 擅自于宿舍内接待异性客人或留宿外来者。 5. 经常妨碍宿舍安宁、屡教不改者。 6. 违反宿舍安全规定者。 7. 无正当理由经常外宿者。 8. 有偷窃行为者。

本人承诺	自愿遵守公司宿舍管理制度，服从公司集中统一安排和调配。 申请人签名：

部门主管/经理意见		项目经理意见		批准宿舍地址房号	

▲员工宿舍申请表

领料退料单

部门： 　　　　　　　　　　　　　　　　　　　年　月　日

项目	名称	领/退料数	实发/收料数	备注

仓管：　　　　　　　主管：　　　　　　　申请人：

▲领料退料单

盘点盈亏总汇表

编号：　　　　　　　　　　　　　　　　填写日期：　年　月　日

类别	品名及规格	单位	单价	调整后账面数量	盘点数量	盘盈 数量	盘盈 金额	盘亏 数量	盘亏 金额	差异说明 数量	差异说明 金额

审核：　　　　　　　　　　　　　　　　　　填表：

▲盘点盈亏总汇表

商品收益报告表

商品类别 成品	金额	%	金额	%	金额	%	金额	%
销货收入								
销货成本								
销货毛利								
销售费用								
商品保管费								
邮送费								
订购处理费								
直接营业费总计								
其他费用								
净利								

▲商品收益报告表

物料库存卡

物料名称	物料编号	供应厂商	交货期间	每日预计用量	最低库存量	收发记录 收料单号	收发记录 数量	收发记录 发出量	收发记录 结存量	说明

▲物料库存卡

第11章

能力提升
管理精英必不可少的工作技巧

　　在职场办公中，会使用 Office 软件来辅助办公。但是要高效工作，仅仅会 Office 软件还不够，还必须掌握一定的软件操作技巧，这样才能花较少的时间完成既定的目标任务。作为管理精英，更要掌握这些工作技巧。

11.1 Word 文档制作与编排技巧

Word 作为强大的文字处理和文档编排工具被广泛用在商务办公之中。在 Word 软件的使用过程中，难免会遇到各种问题，而且对于一些常见的处理也存在各种技巧操作。本节就针对这些常见问题和技巧操作进行介绍，教会管理者快速提升 Word 操作技能。

11.1.1 令人头疼的 Word 页眉横线怎么删除

在制作员工手册、企划书和合同等文档时，都会对文档的页眉页脚进行编辑，如在页眉中输入公司名称、在页脚添加时间或者页码等。但是当我们在页眉中输入内容后，页眉会自动添加一条横线，如图 11-1 所示，而且怎么都删不掉，十分令人头疼。

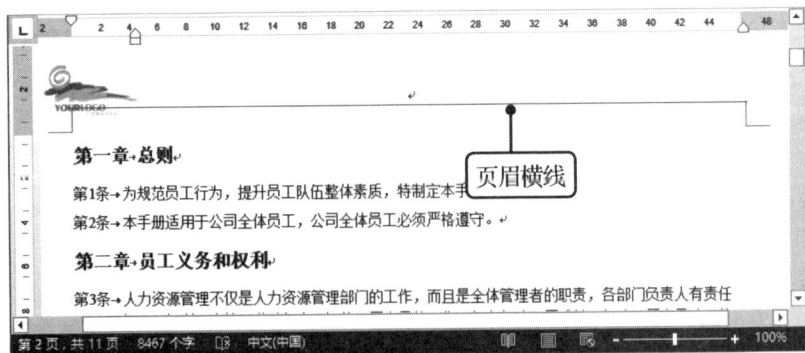

图 11-1　页眉中自动添加的横线

其实，页眉横线就是软件自带的一种页眉样式效果，当用户在页眉添加内容时，程序自动会添加这种样式效果，如果要删除页眉横线效果，可以通过以下三种方法来完成。

（1）通过清除格式删除页眉横线

在文档的页眉区域双击进入页眉页脚编辑状态，选择页眉横线所在的段落，直接单击"开始"选项卡"字体"组中的"清除所有格式"按钮即可快速删除页眉的横线效果，如图11-2所示。

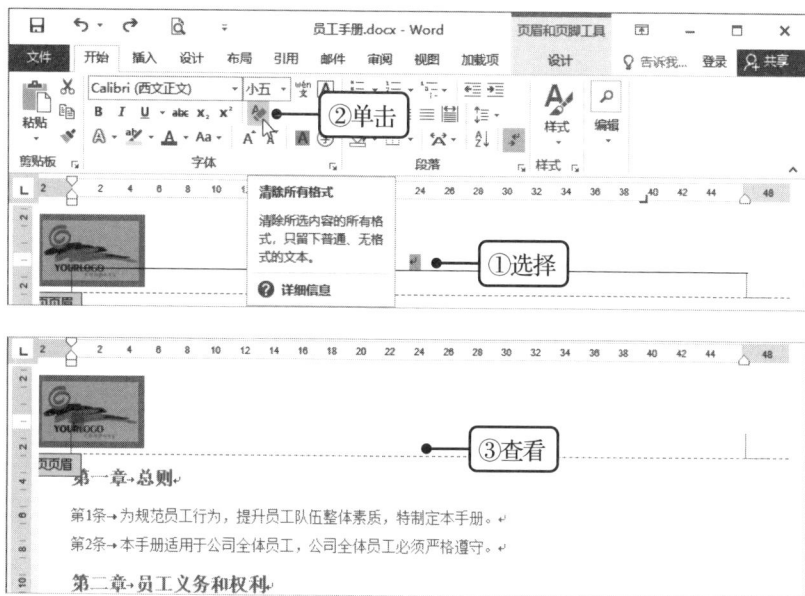

图11-2 通过清除格式删除页眉横线

（2）通过清除下边框样式删除页眉横线

进入页眉页脚编辑状态，选择页眉横线所在的段落，单击"开始"选项卡"段落"组中的"下边框"按钮右侧的下拉按钮，在弹出的下拉列表中选择"无框线"选项即可删除页眉的横线效果，如图11-3所示。

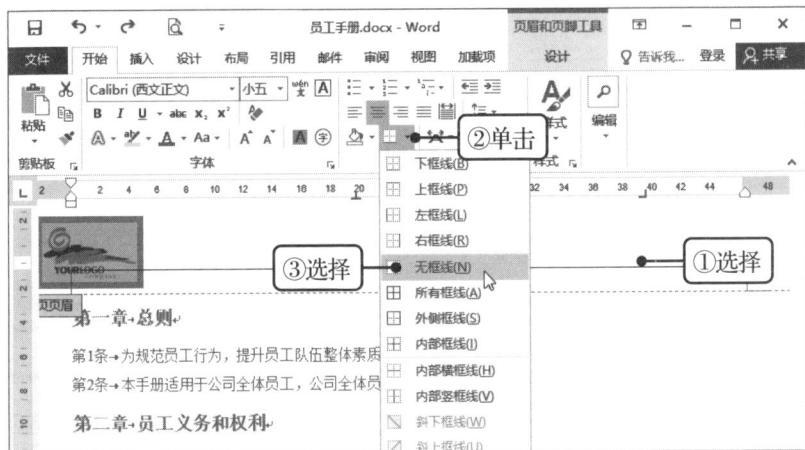

图 11-3　通过清除下边框样式删除页眉横线

（3）利用快捷键快速清除页眉横线

进入页眉页脚编辑状态，选择页眉横线所在的段落，直接按【Ctrl+Shift+N】组合键可以快速清除页眉的横线效果。这种方法实质上是为段落应用系统内置的"正文"段落样式，对于页眉中仅添加了企业 LOGO 图标的情况，可以利用该方法快速清除页眉横线。

如果页眉中输入的是公司名称，或者文档名称等其他文本内容，此时最好不要用这种方法，因为一般情况下，页眉的文本格式与正文的文本格式是不一样的，如果利用快捷键清除页眉横线，那么事先为文本设置的字体格式也会显示成正文效果。

11.1.2　合同中占位符下划线的快速添加

在制作合同文档的过程中，可能出现利用下划线当作占位符预留一些空白供他人填写的情况。有些需要多行下划线的末尾相同，有些就只是添加下划线即可，如果逐个添加空格后再单独设置下划线，不仅效率低下，而且排版也不方便。下面就介绍几种合同制作过程中关于添加下划线占位符的快捷方法供大家参考使用。

（1）利用制表位快速添加相同结束位置的下划线

在合同开头位置是合同甲乙双方的基本信息，这里添加的下划线最好添加右侧位置相同的下划线，这样才能使整个合同页面更整齐。但是单独使用空格来设置结束位置，不仅麻烦，而且也不容易对齐，此时可以通过制表位的方式达到这个目的。

在合同文档中选择开头需要添加下划线占位符的文本段落，在标尺上的某个位置（该位置也确定了下划线的长度）双击鼠标左键，如图11-4所示。

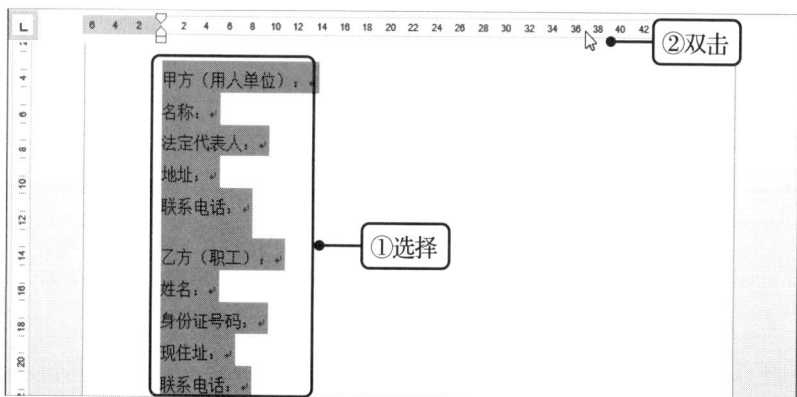

图 11-4　选择下划线结束位置

在打开的"制表位"对话框中选中"前导符"栏中的下划线单选按钮，单击"确定"按钮，如图11-5所示。

在返回的文档中将文本插入点定位到需要添加下划线的位置，直接按【Tab】键输入一个制表符，此时程序自动将输入的制表符加上下划线前导符进行显示，如图11-6所示。用相同的方法为其他行输入制表符即可完成下划线的快速添加。

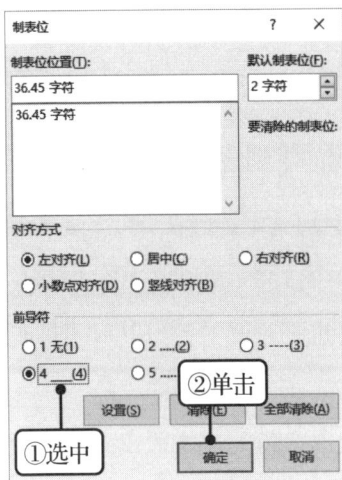

图 11-5　设置下划线为制表符的前导符　　图 11-6　按【Tab】键添加下划线

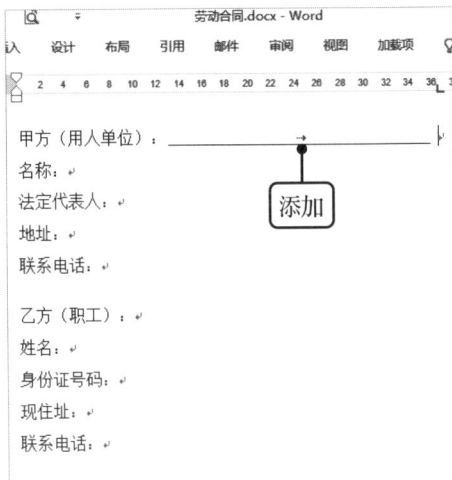

如果觉得下划线的长度不合适，还可以选择所有添加下划线的段落，选择标尺上的制表符，按住鼠标左键不放，左右拖动，可以灵活调整下划线的长度。图 11-7 所示为向右拖动制表符的位置增加下划线的长度。

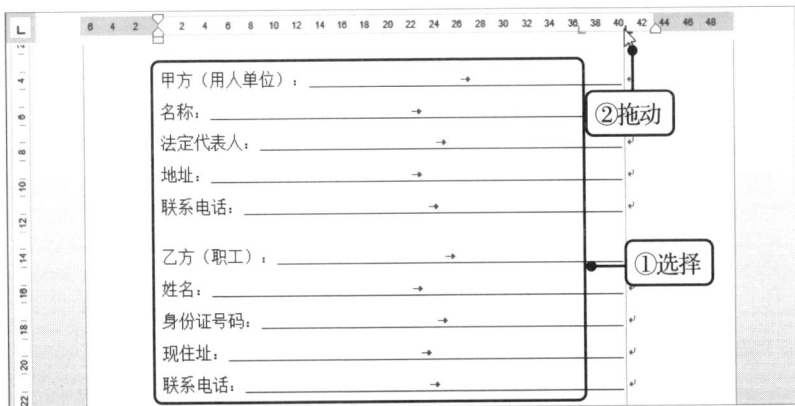

图 11-7　改变制表符的位置调整下划线的长度

（2）将空格替换为下划线

在合同内容的输入过程或者合同末尾甲方和乙方签字盖章的地方，也会有很多地方需要添加下划线来预留手动填写的位置，如果每次都输入空格后再添加下划线，这样很耽误时间，此时可以在录入合同内容的时候，直接通过输入空格快速预留手动填写位置，待合同内容输入完成后，利用查找替换的方法一次性将所有的空格替换为下划线，其具体操作如下。

在文档中按【Ctrl+H】组合键打开"查找和替换"对话框，在"查找内容"下拉列表框中输入"{2,}"内容，将文本插入点定位到"替换为"下拉列表框中，单击"更多"按钮，如图11-8所示。

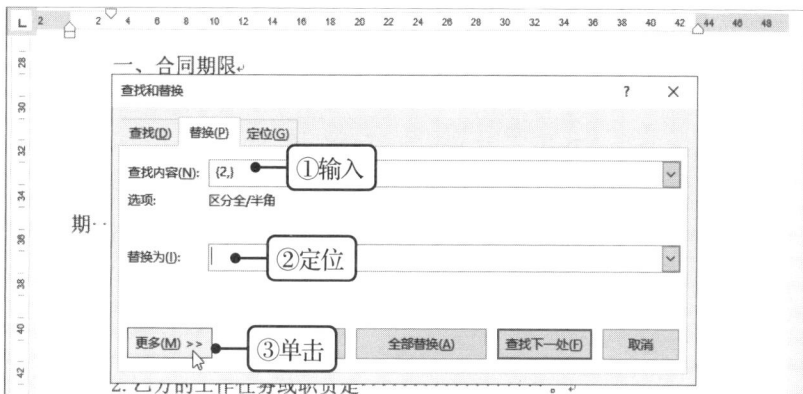

图11-8　设置查找空格

拓展贴士 *查找空格的说明*

在图11-8中设置的"{2,}"查找内容表示查找两个以上的空格。如果文档中存在一个空格的，此时不会为其添加下划线，只有两个及两个以上的空格才会添加下划线效果。如果用户需要对文档中的所有空格都添加下划线，此时可以直接在查找内容中输入一个空格即可。

在展开的面板中选中"使用通配符"复选框，单击"格式"下拉按钮，选择"字体"命令，在打开的"替换字体"对话框中单击"下划线线型"下拉按钮，在下拉列表框中选择下划线选项，如图11-9所示。

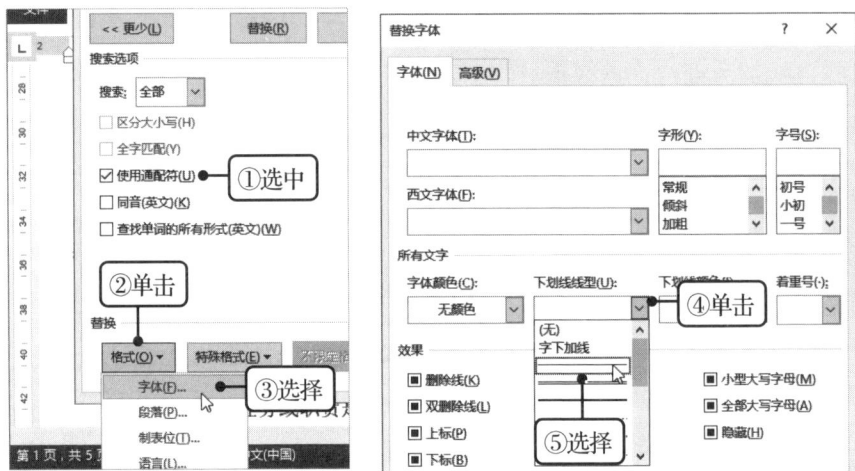

图 11-9　设置替换内容

单击"确定"按钮关闭"替换字体"对话框，在返回的对话框中单击"全部替换"按钮执行替换操作，最后关闭对话框完成所有替换操作。在返回的文档中即可查看到为空格添加下划线的效果，如图 11-10 所示。

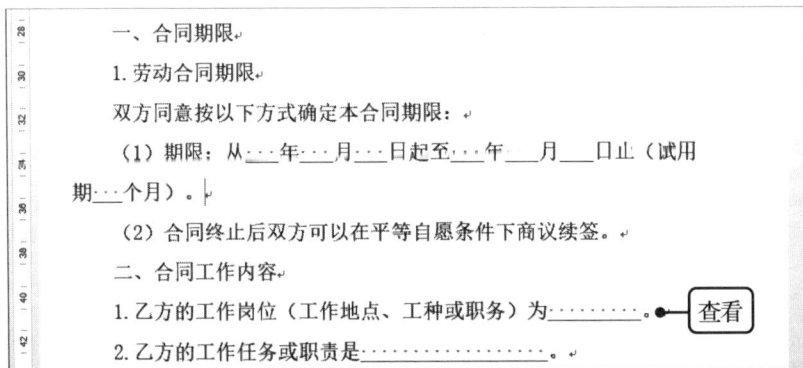

图 11-10　为两个及两个以上的空格添加下划线的效果

11.1.3　快速搞定合同末尾签章的左右排版效果

在合同末尾设置甲乙双方签字盖章的位置，其版面布局效果通常都是左侧为甲方，右侧为乙方，而且二者的格式十分相似，对于这种结尾内容的制作，可以通过设置双栏排版快速完成制作，其具体操作如下。

在合同末尾先设置甲方签章的内容和格式，然后在其下方复制一份副本内容，同时选择甲乙双方的签字盖章内容，单击"布局"选项卡，在"页面设置"组中单击"分栏"下拉按钮，在弹出的下拉菜单中选择"两栏"选项，如图 11-11 所示。

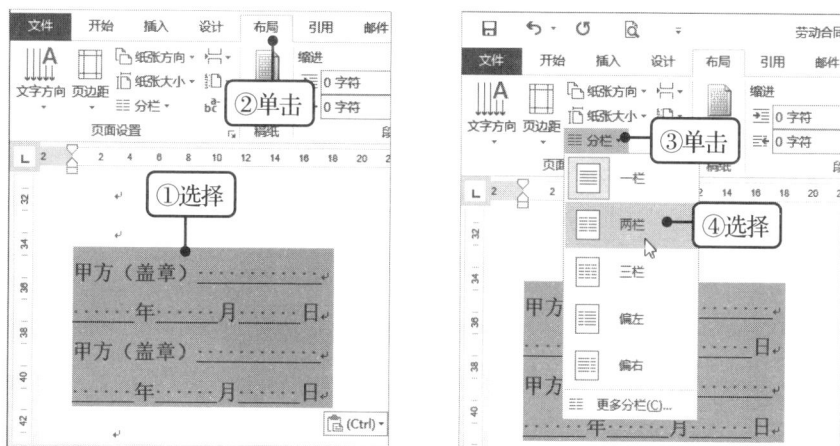

图 11-11　设置双栏显示

在返回的文档中即可查看到文本内容左右排列，此时再单独修改乙方签字的内容即可完成合同末尾签字盖章部分的制作，如图 11-12 所示。

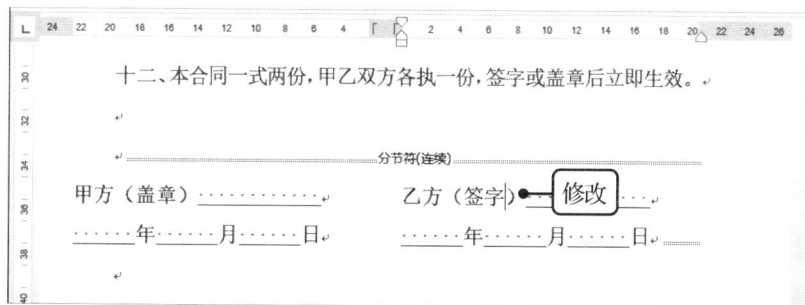

图 11-12　修改乙方签字

11.1.4 一劳永逸将公司专用文档制成模板

很多公司都有属于各自公司的专用文档,如文件发送登记表、订购合同、聘用合同和生产领料单等,这些文件中有一些是需要打印出来供他人填写的,有的内容是公司可以事先填写好再打印出来使用的。

对于这些经常使用的文档,我们可以将其制作成模板文档,在需要使用的时候,根据模板创建文档可以快速得到专业、格式规范的文档。下面就来具体说一下模板文档的制作。

对于模板文件的制作,最重要的一点就是保存位置要设置正确。对于Word 2016 而言,新建空白文档并打开"另存为"对话框后,直接在默认打开的路径下双击"自定义 Office 模板"文件夹,重命名文件名称,并设置对应的保存类型后单击"保存"按钮,如图 11-13 所示。

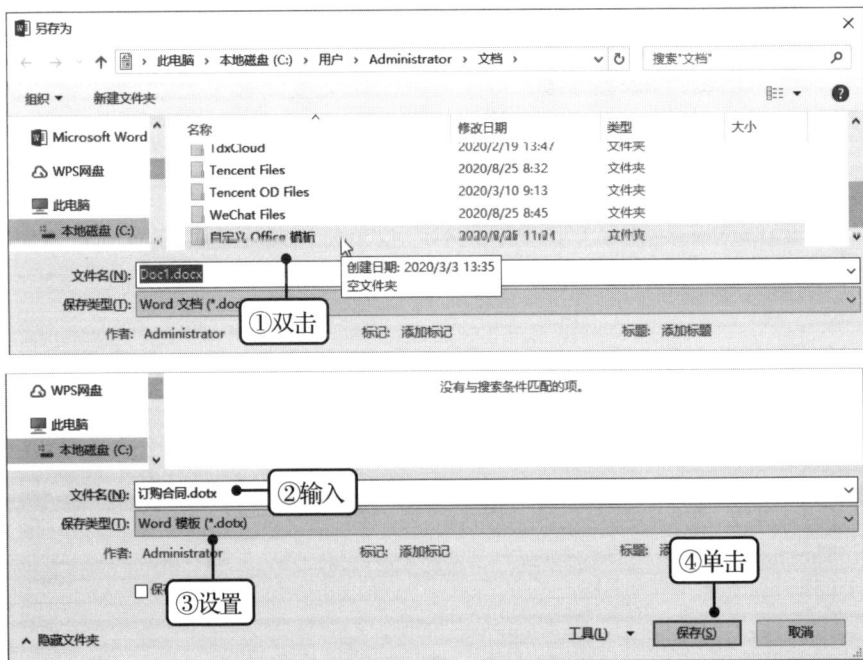

图 11-13　设置模板文件的保存位置

完成模板的保存操作后，在"文件"菜单中单击"新建"选项卡，然后单击"个人"选项卡，在其中即可查看到自定义创建的"订购合同"模板文件选项，如图11-14所示，通过选择这个选项即可根据该模板创建对应的模板文件。

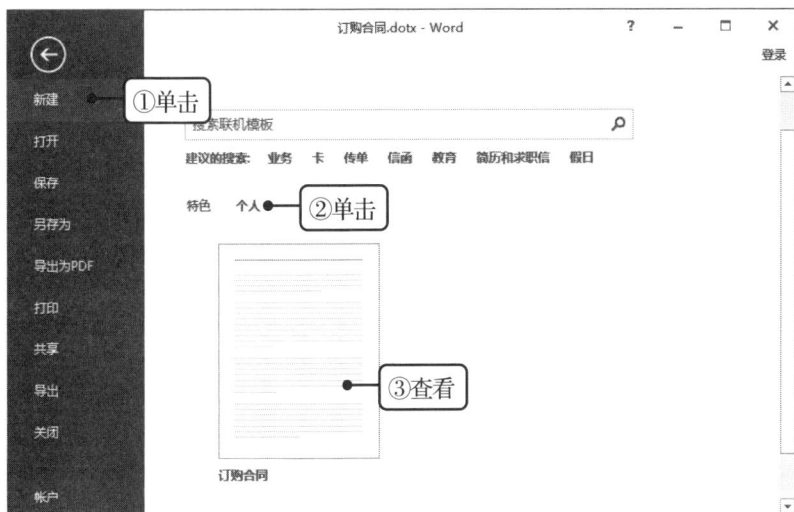

图 11-14　查看创建的模板文件

创建好模板文件后，即可向模板中添加对应的模板内容了。由于模板文档中的很多文字内容都是固定的，对于某些需要根据实际情况填写的数据，事先可以预留一个位置提醒工作人员要填写的内容，例如添加一个文本域并为其添加提醒说明；也可以直接提供内容输入帮助，例如添加日期选取器内容控件，直接让工作人员选择时间，这样更便捷。

但是，要实现这些功能，都必须借助 Word 程序的"开发工具"选项卡来完成，默认情况下该选项卡是没有显示的，因此首先还需要调出该选项卡。其操作很简单，直接在"Word 选项"对话框中单击"自定义功能区"选项卡，选中"开发工具"复选框，单击"确定"按钮即可，如图11-15所示。

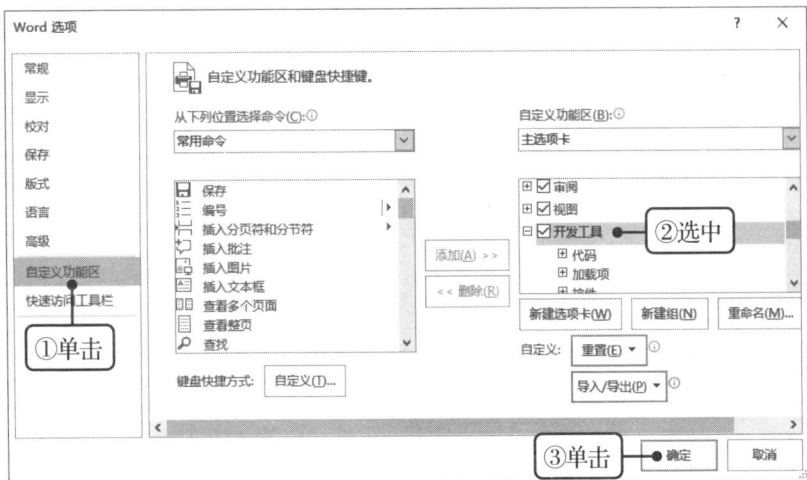

图 11-15　调出"开发工具"选项卡

文本域控件和时间控件是模板文档中最常使用的，下面分别介绍这两种控件在模板中的具体添加方法。

◆ **文本域控件的使用**

将文本插入点定位到需要添加文本域控件的位置，单击"开发工具"选项卡，在"控件"组中单击"旧式工具"下拉按钮，选择"文本域（窗体控制）"选项，如图 11-16 所示。

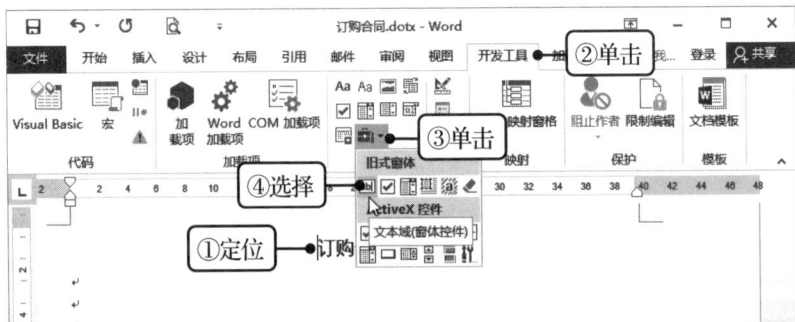

图 11-16　选择"文本域（窗体控制）"选项

程序自动在文本插入点位置插入一个灰色填充底纹的"文本域"窗体

控件，双击该控件，在打开的"文字型窗体域选项"对话框中输入默认显示的文字内容，单击"确定"按钮，如图 11-17 所示。

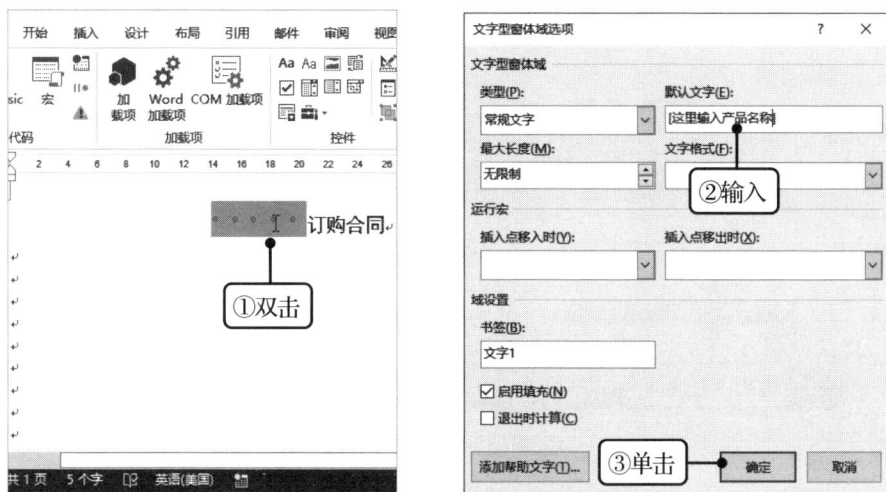

图 11-17　输入默认显示的文字

在返回的文档中即可查看到添加文本域控件的效果，如图 11-18 所示。

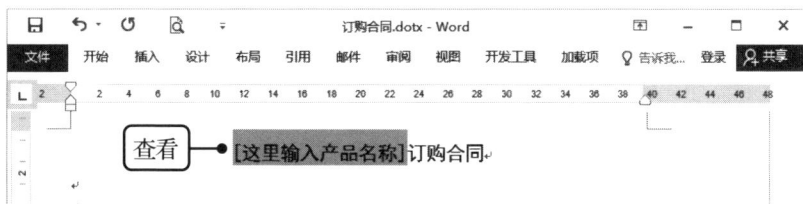

图 11-18　查看添加的文本域控件

◆　日期选取器内容控件的使用

将文本插入点定位到需要添加日期选取器内容控件的位置，在"开发工具"选项卡"控件"组中单击"日期选取器内容控件"按钮添加一个日期选取器。选择添加的控件，单击"属性"按钮，在打开的对话框中选择一种日期显示方式进行设置，单击"确定"按钮完成控件的属性设置，如图 11-19 所示。

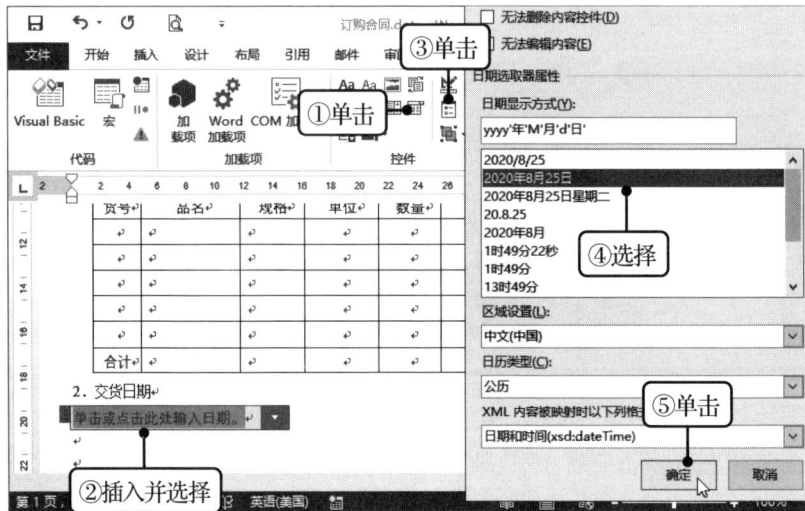

图 11-19　添加日期筛选器内容控件并设置属性

如果要通过日期筛选器内容控件输入日期，直接单击控件右侧的下拉按钮，在弹出的面板中选择日期或者单击"今日"按钮可快速插入日期，如图 11-20 所示。

图 11-20　通过日期筛选器内容控件输入日期

11.1.5　将 100 份文档批量合并到一个文档

在日常办公中，多人对某个文件的不同部分进行单独编写，再将各个部分合并到一起形成最终文件是协同办公中比较常见的一种形式。例如，在一份人力资源规划制度中，包括了总则、人力资源需求预测、人力资源供给预测、人力资源净需求的确定、人力资源规划方案的制定以及附则和各种附录文件等。为了提高编制效率，人力资源管理者将文件内容划分成了不同的版块，分别由不同的人完成，现在要将这些内容全部合并在一起。

一般情况下，我们的做法就是分别打开每个文件，然后每个文档逐个复制所有内容到最终文件中。如果单独的文件比较少，比如只有两三个，且每个文件的内容也不是很多，可以采取这种办法来合并。

但是如果单独的文件比较多，比如几十个，甚至上百个，而且每个文档的内容也很多，这种方法显然就不合适了。下面介绍一种简便的方法，帮助用户轻松搞定 100 份文档轻松、快速合并到一个文档中。

首先打开需要汇总到最终文档的文件，将文本插入点定位到需要插入文档内容的地方，单击"插入"选项卡，在"文本"组中单击"对象"按钮右侧的下拉按钮，在弹出的下拉菜单中选择"文件中的文字"命令，如图 11-21 所示。

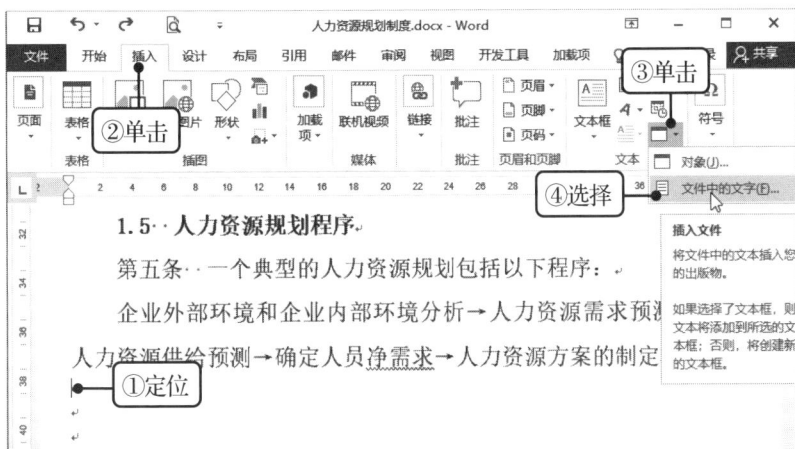

图 11-21 执行"文件中的文字"命令

在打开的"插入文件"对话框中找到需要合并的多个文档，选择这些文档，单击"插入"按钮，如图 11-22 所示，在返回的文档中即可查看到程序自动将各文档中的内容依次接排到当前文档中。

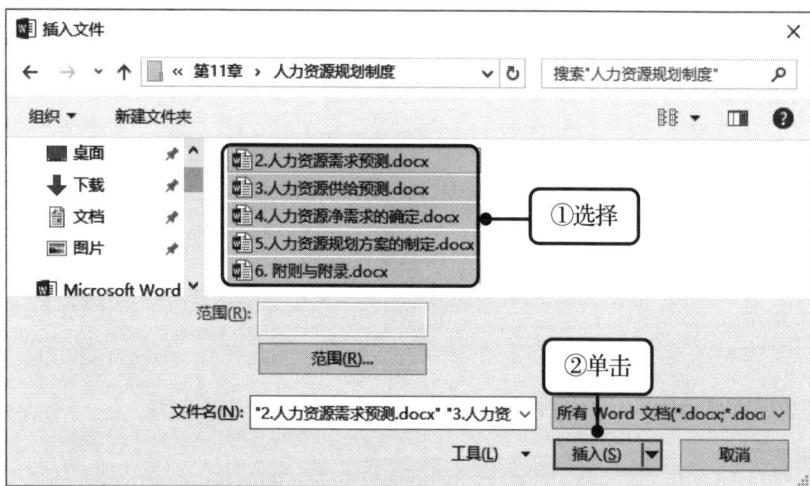

图 11-22　选择要合并内容的多个文档

这里需要特别说明的是，各文档在文件夹中的先后顺序就是其合并到文档中的先后顺序，因此事先在对各文档进行命名的时候一定要注意按照文档内容的先后顺序进行排列，最好用阿拉伯数字来设定文档的先后顺序，如上面对各文档保存时采用"2." "3." "4." "5."和"6."的格式，按照阿拉伯数字排列人力资源规划制度的其他部分的内容。

11.2　Excel 数据存储与管理技巧

在 Office 软件中，Excel 也是一个比较常用的组件，该组件主要用于对各种数据进行科学的存储。并且在 Excel 中存储的数据也可以方便地进行数据的管理与分析，是职场人士必须掌握的组件。本节就针对这些常见的数据存储与管理技巧进行介绍，帮助大家快速提升 Excel 操作技能。

11.2.1 记录单的功能

在 Excel 中有一个记录单功能，通过该功能可以方便地对数据进行录入、核对、按条件查找、修改及删除等操作。尤其对于字段比较多的档案信息表、产品资料表等表格，使用记录单功能录入数据和修改数据可以更加精确地进行定位。

在 Excel 2003 中，在"数据"菜单中可以查看到该功能，如图 11-23 所示。

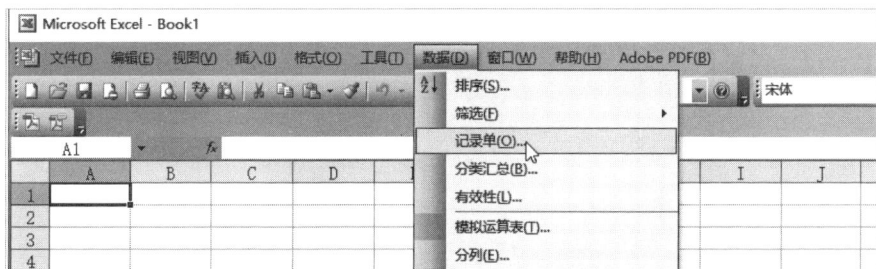

图 11-23　Excel 中的记录单功能

但是在之后版本的 Excel 中，由于整个操作界面风格和布局发生了变化，记录单功能被隐藏了，在功能区中不能直接找到。如果我们需要使用这个功能，就必须先将其手动调出来，具体操作如下所示。

打开"Excel 选项"对话框，单击"快速访问工具栏"选项卡，在"从下列位置选择命令"下拉列表框中选择"不在功能区中的命令"，在中间的列表框中选择"记录单…"选项，单击"添加"按钮，如图 11-24 所示，最后单击"确定"按钮关闭对话框。

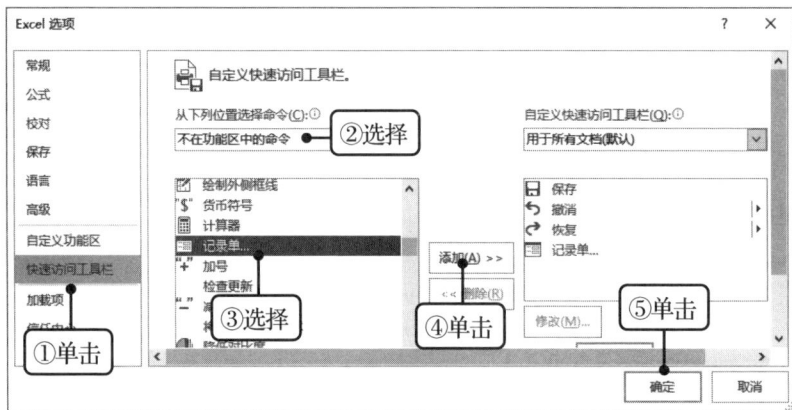

图 11-24　调出记录单功能

在返回的工作表中即可在快速访问工具栏中查看到添加的记录单按钮，单击该按钮将打开对应的记录单对话框，在其中有且只显示一条记录，如图 11-25 所示。

图 11-25　打开记录单对话框

单击"上一条"或者"下一条"按钮可以逐条浏览工作表中的所有数

据记录。如果要修改某条记录的数据，直接切换到该条记录后进行修改即可保存修改内容；如果要删除，直接单击"删除"按钮后确认删除即可。

> **拓展贴士** *通过记录单删除记录的说明*
>
> 在 Excel 中，利用记录单功能将某一条记录删除之后，该记录将不能恢复，因此在删除记录前应确认选择删除的记录。

如果要查询符合某个条件的所有记录，直接单击"条件"按钮，在对话框中设置筛选条件，例如这里设置拜访方式为"上门拜访"，设置完条件后按【Enter】键即可完成筛选，如图 11-26 所示。

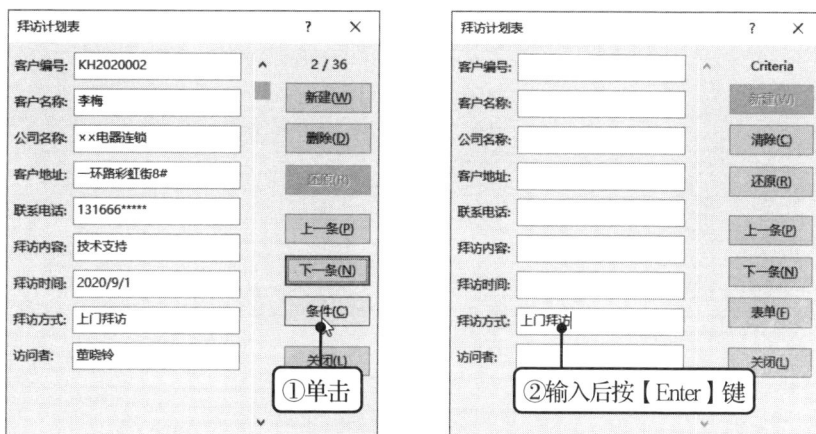

图 11-26　设置按指定条件查看记录

此时程序自动定位到下一条拜访方式为"上门拜访"的记录，并显示在记录单对话框中，此时单击"上一条"或者"下一条"按钮只能浏览拜访方式为"上门拜访"的记录。

如果要添加记录，单击"新建"按钮，程序自动新建一条空白记录，在其中逐个输入对应的数据记录信息，单击"关闭"按钮关闭记录单对话框，如图 11-27 所示。

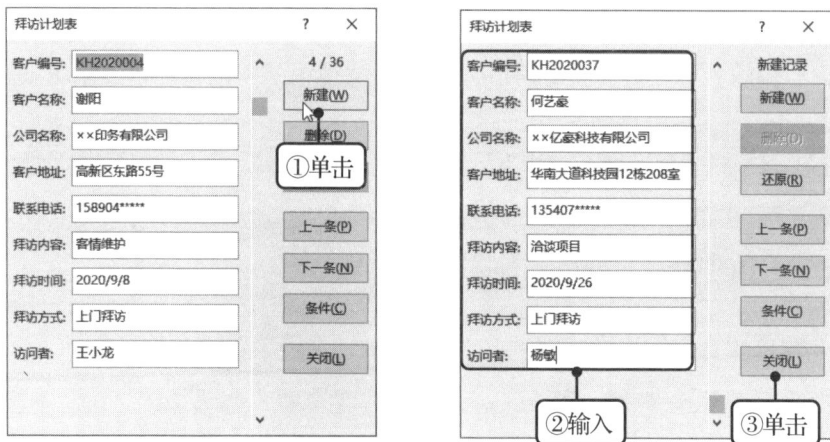

图 11-27　通过记录单添加记录

在返回的工作表中的数据表的末尾即可查看到添加的数据记录，如图 11-28 所示。

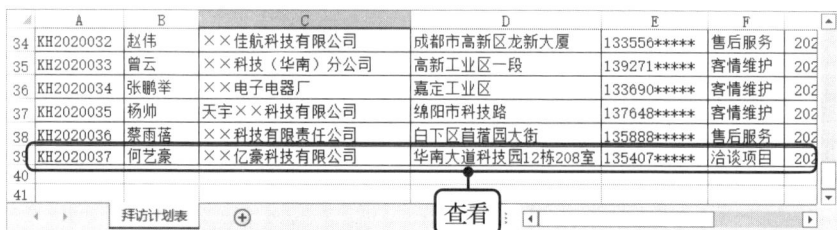

图 11-28　查看添加的记录

如果要继续添加记录，在输入完一条记录内容后不要单击"关闭"按钮，而是继续单击"新建"按钮输入下一条记录，待需要添加的所有记录输入完后再单击"关闭"按钮，关闭记录单对话框。

11.2.2　快速整理不规范的表格和数据

在日常办公过程中，我们的数据来源并不一定都是录入到 Excel 中，有时候可能是从外部导入的，又或者从其他地方复制的，因此存在数据不规范存储的情况。如果数据太乱，不仅影响我们对数据的分析，也可能导致数据计算出错等，此时就需要对表格数据进行快速整理。下面就针对一些常见的不规范数据的整理方法进行具体介绍，让用户快速提高数据整理的效率。

（1）整理不规范的日期

对于日期数据来说，不同人的记录方式不一样，可能记录成"20200826"格式，或者记录成"2020/08/26"格式，也可能记录成"2020.08.26"格式，如果将这些格式的数据整理到一起，就会呈现如图11-29所示的效果。

图 11-29　日期格式不规范

如果要统一这些日期数据的显示效果，直接选择整列数据，单击"数据"选项卡，在"数据工具"组中单击"分列"按钮，如图11-30所示。

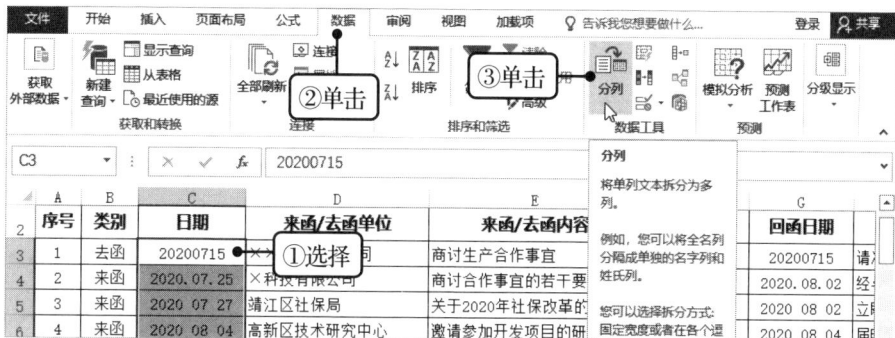

图 11-30　单击"分列"按钮

在打开的分列向导对话框中保持默认设置不变，连续两次单击"下一步"按钮，在进入到向导对话框的第 3 步时，选中"日期"单选按钮，确保其右侧下拉列表框的选项为"YMD"，单击"完成"按钮，如图 11-31 所示。

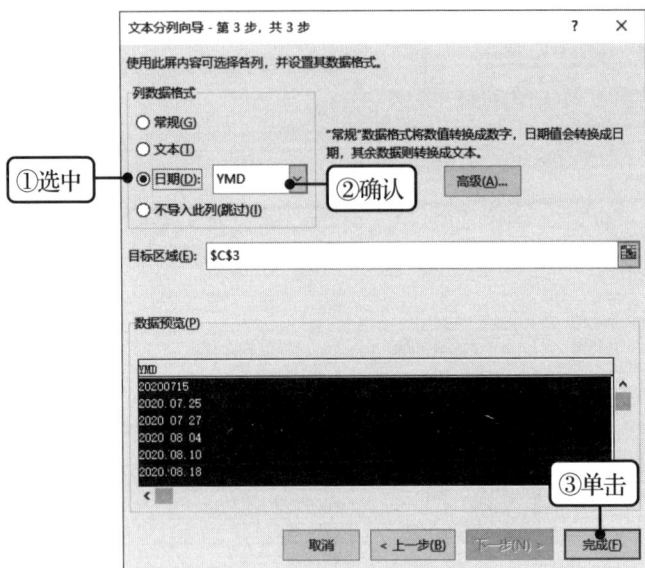

图 11-31　设置分列依据

在返回的工作表中即可查看到日期数据被全部统一成了"年 / 月 / 日"的形式。用相同的方法可以把回函口期的格式也快速统一为相同的形式，最终效果如图 11-32 所示。

图 11-32　查看效果

这里需要特别注意的是，Excel 的分列功能一次只能对一列数据进行分列设置操作，如果同时选择多列数据，则会弹出对话框提示不能对多重选择区域执行此操作，如图 11-33 所示。

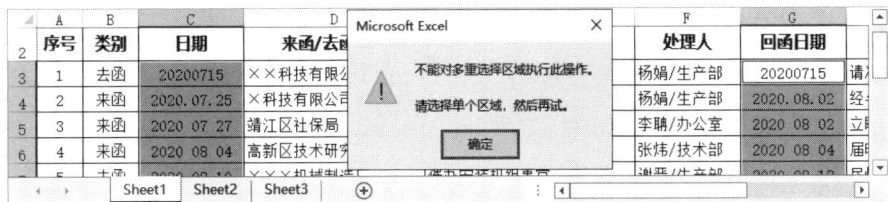

图 11-33 不能同时对多列数据进行分列操作

（2）拆分记录到一起的数据

有些时候为了简便，一些工作人员会将数据记录到记事本文件中，但是在记录时运用了中文状态下的逗号进行分隔，形成如图 11-34（左）所示的效果，当把这些数据导入到 Excel 中后，就会在一列中记录，如图 11-34（右）所示的效果。

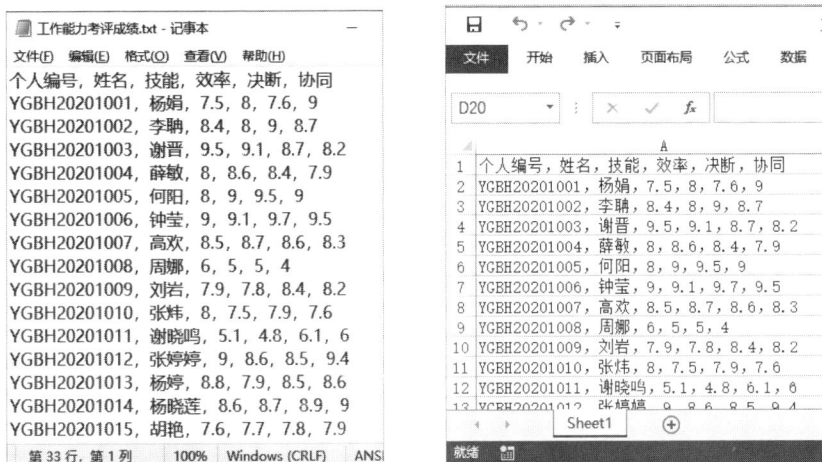

图 11-34 中文逗号作为分隔符将数据导入 Excel 的效果

如果要让记事本文件中的数据导入到 Excel 后能够分列显示，可以将记事本中的中文逗号全部改为英文逗号，但是这种工作量很大，比较麻烦。此时可以采用分列功能快速搞定数据的分列显示，其具体操作如下所示。

选择 A 列的数据，打开分列向导对话框后单击"下一步"按钮进入到向导的第 2 步，在其中选中"其他"复选框，在其后的文本框中输入中文逗号，单击"完成"按钮，如图 11-35 所示。

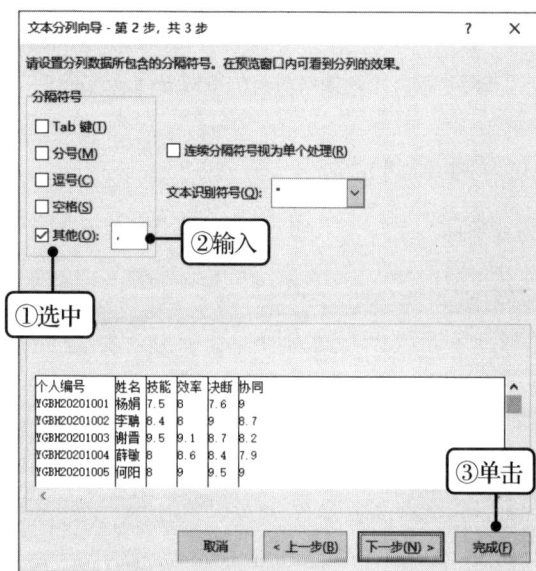

图 11-35　手动设置中文逗号为分隔符

在返回的工作表中即可查看到 A 列的数据被分列在多列中显示，如图 11-36 所示。

图 11-36　查看分列效果

其实，本例也可以重新导入数据，在设置分隔符时像图 11-35 中那样手动设置中文逗号来进行分隔导入，但是这种直接分列的操作步骤要多一些。

（3）整理包含合并单元格的数据源

在 Excel 中，电子表格中使用合并操作对单元格区域进行合并是最常见的操作，在适合的情况下合并单元格可以达到很好的表达效果。然而不是所有的表格都适用于单元格的合并，尤其对于需要分析的表格，在其中使用了合并单元格，就会导致 Excel 某些功能不能使用。

例如，在图 11-37 中，部门数据中出现了合并单元格，此时对这个数据源进行筛选操作，将财务部的所有数据记录筛选出来，但结果只显示了一条数据记录。

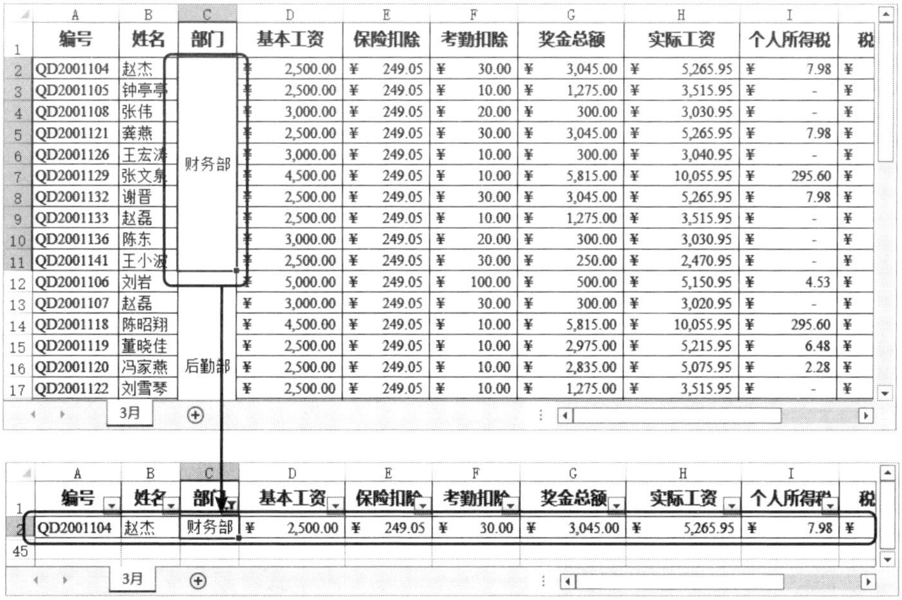

	A	B	C	D	E	F	G	H	I	
1	编号	姓名	部门	基本工资	保险扣除	考勤扣除	奖金总额	实际工资	个人所得税	税
2	QD2001104	赵杰	财务部	¥ 2,500.00	¥ 249.05	¥ 30.00	¥ 3,045.00	¥ 5,265.95	¥ 7.98	¥
3	QD2001105	钟亭亭		¥ 2,500.00	¥ 249.05	¥ 10.00	¥ 1,275.00	¥ 3,515.95	¥ -	¥
4	QD2001108	张伟		¥ 3,000.00	¥ 249.05	¥ 20.00	¥ 300.00	¥ 3,030.95	¥ -	¥
5	QD2001121	龚燕		¥ 2,500.00	¥ 249.05	¥ 30.00	¥ 3,045.00	¥ 5,265.95	¥ 7.98	¥
6	QD2001126	王宏涛		¥ 3,000.00	¥ 249.05	¥ 10.00	¥ 300.00	¥ 3,040.95	¥ -	¥
7	QD2001129	张文泉		¥ 4,500.00	¥ 249.05	¥ 10.00	¥ 5,815.00	¥ 10,055.95	¥ 295.60	¥
8	QD2001132	谢晋		¥ 2,500.00	¥ 249.05	¥ 30.00	¥ 3,045.00	¥ 5,265.95	¥ 7.98	¥
9	QD2001133	赵磊		¥ 2,500.00	¥ 249.05	¥ 10.00	¥ 1,275.00	¥ 3,515.95	¥ -	¥
10	QD2001136	陈东		¥ 3,000.00	¥ 249.05	¥ 20.00	¥ 300.00	¥ 3,030.95	¥ -	¥
11	QD2001141	王小波		¥ 2,500.00	¥ 249.05	¥ 30.00	¥ 250.00	¥ 2,470.95	¥ -	¥
12	QD2001106	刘岩	后勤部	¥ 5,000.00	¥ 249.05	¥ 100.00	¥ 500.00	¥ 5,150.95	¥ 4.53	¥
13	QD2001107	赵磊		¥ 3,000.00	¥ 249.05	¥ 30.00	¥ 300.00	¥ 3,020.95	¥ -	¥
14	QD2001118	陈昭翔		¥ 4,500.00	¥ 249.05	¥ 10.00	¥ 5,815.00	¥ 10,055.95	¥ 295.60	¥
15	QD2001119	董晓佳		¥ 2,500.00	¥ 249.05	¥ 10.00	¥ 2,975.00	¥ 5,215.95	¥ 6.48	¥
16	QD2001120	冯家燕		¥ 2,500.00	¥ 249.05	¥ 10.00	¥ 2,835.00	¥ 5,075.95	¥ 2.28	¥
17	QD2001122	刘雪琴		¥ 2,500.00	¥ 249.05	¥ 10.00	¥ 1,275.00	¥ 3,515.95	¥ -	¥

3月

	A	B	C	D	E	F	G	H	I	
1	编号	姓名	部门	基本工资	保险扣除	考勤扣除	奖金总额	实际工资	个人所得税	税
2	QD2001104	赵杰	财务部	¥ 2,500.00	¥ 249.05	¥ 30.00	¥ 3,045.00	¥ 5,265.95	¥ 7.98	¥
45										

3月

图 11-37 合并单元格影响数据筛选结果

在这里合并单元格影响了数据分析，因为合并单元格时，只有首个单元格中有数据，其他单元格都是空白单元格。

即在图 11-37 中，将 C2:C11 单元格合并后，虽然我们看到的是 C2:C11 单元格区域中的每个单元格中都是"财务部"数据，但是事实上，Excel 只能判断出 C2 单元格中的值是"财务部"数据，C3:C11 单元格区域中的每个单元格中的值都是空白，所以在筛选数据时，程序只能筛选出一条数据记录。

那么，如何快速地在取消合并单元格后的空白单元格中录入对应的部门数据呢？下面就来介绍相关的操作方法。

选择所有的合并单元格后取消合并效果，按【F5】键打开"定位"对话框，在其中单击"定位条件"按钮，在打开的"定位条件"对话框中选中"空值"单选按钮，单击"确定"按钮，如图 11-38 所示。

图 11-38 使用定位条件功能定位空值单元格

在返回的界面的编辑栏中输入"=C2"公式，按【Ctrl+Enter】组合键后，程序自动为每个空值单元格录入对应的部门数据，如图 11-39 所示。

C3 =C2 ①输入

编号	姓名	部门	基本工资	保险扣除	考勤扣除	奖金总额	实际工资	个人所得税	税
QD2001104	赵杰	财务部	¥ 2,500.00	¥ 249.05	¥ 30.00	¥ 3,045.00	¥ 5,265.95	¥ 7.98	¥
QD2001105	钟亭亭	财务部	¥ 2,500.00	¥ 249.05	¥ 10.00	¥ 1,275.00	¥ 3,515.95	¥ -	¥
QD2001108	张伟	财务部	¥ 3,000.00	¥ 249.05	¥ 20.00	¥ 300.00	¥ 3,030.95	¥ -	¥
QD2001121	龚燕	财务部	¥ 2,500.00	¥ 249.05	¥ 30.00	¥ 3,045.00	¥ 5,265.95	¥ 7.98	¥
QD2001126	王宏涛	财务部	¥ 3,000.00	¥ 249.05	¥ 10.00	¥ 300.00	¥ 3,040.95	¥ -	¥
QD2001129	张文泉	财务部	¥ [illegible]	249.05	¥ 10.00	¥ 5,815.00	¥ 10,055.95	¥ 295.60	¥
QD2001132	谢晋	财务部	[illegible]	249.05	¥ 30.00	¥ 3,045.00	¥ 5,265.95	¥ 7.98	¥
QD2001133	赵磊	财务部	¥ [illegible]	249.05	¥ 10.00	¥ 1,275.00	¥ 3,515.95	¥ -	¥
QD2001136	陈东	财务部	¥ 3,000.00	¥ 249.05	¥ 20.00	¥ 300.00	¥ 3,030.95	¥ -	¥
QD2001141	王小波	财务部	¥ 2,500.00	¥ 249.05	¥ 30.00	¥ 250.00	¥ 2,470.95	¥ -	¥
QD2001106	刘岩	后勤部	¥ 5,000.00	¥ 249.05	¥ 100.00	¥ 500.00	¥ 5,150.95	¥ 4.53	¥
QD2001107	赵磊	后勤部	¥ 3,000.00	¥ 249.05	¥ 30.00	¥ 300.00	¥ 3,020.95	¥ -	¥

②计算

图 11-39　自动为空值单元格录入对应的部门数据

11.2.3　轻松制作项目开展情况表

作为项目管理者，必须对项目的开展情况进行了解和掌握，才能更好地控制项目进度。如果团队只有一个项目，其进度开展状态相对容易记忆，但是如果团队同时进行多个项目，此时最好用一张项目开展情况表来进行记录和控制。

一般情况下，从“完成进度”列的文字表达即可查看指定项目的开展情况，如图 11-40 所示。

项目名称	项目开展情况						
	前期准备工作	工程招标	建筑安装工程	配套设置	竣工验收	其他	完成进度
××花园别墅二期	√	√	√	√	√	√	已完成
××海滨大厦	√	√					进行中
××写字楼	√	√	√				进行中
××购物中心	√						进行中
××商贸城							未开始
××文化宫							未开始
××综合服务中心	√	√	√	√	√	√	已完成

图 11-40　项目开展情况表

我们还可以通过添加图标集，以更加直观地表示项目的完成进度，效果如图 11-41 所示。

图 11-41　项目开展情况表（加入图标集）

要达到图 11-41 的效果，首先需要选择 H 列的单元格区域，这里选择 H3:H9 单元格区域，单击"样式"组中的"条件格式"下拉按钮，在弹出的下拉列表中选择"图标集 / 其他规则"命令，如图 11-42 所示。

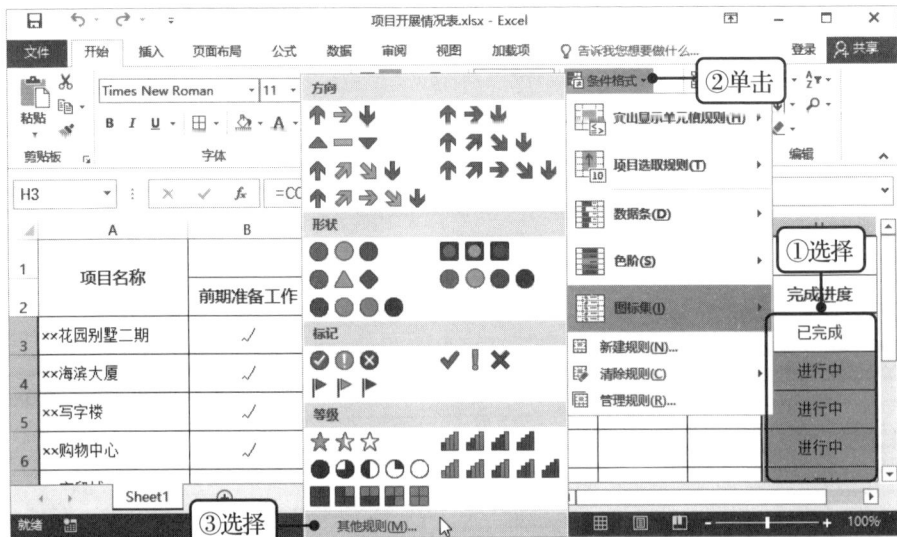

图 11-42　执行图标集的"其他规则"命令

在打开的"新建格式规则"对话框中单击"格式样式"下拉按钮，选择一种图标集样式，将类型设置为"数字"，然后设置对应的值区间，完成后单击"确定"按钮即可，如图11-43所示。

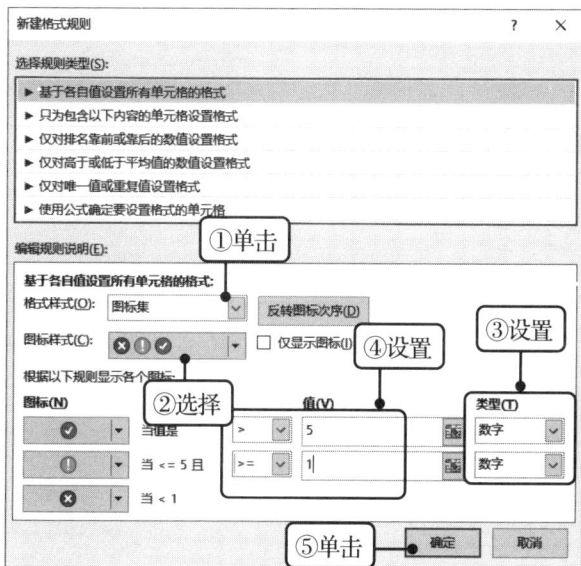

图11-43　设置图标集格式规则

11.2.4　Excel 超级表如何使用

在 Excel 中，有一种表叫"超级表"，它具有强大的功能，不仅能够轻松管理和分析数据，也可以方便地对数据进行排序、筛选和格式化设置等，而且其操作简单，是提高工作效率的有效方法。

默认录入数据的表格都是普通表格，如果要将普通表格转化为超级表格，直接选择任意数据单元格，单击"插入"选项卡，再单击"表格"组中的"表格"按钮（或直接按【Ctrl+T】组合键），在打开的"创建表"对话框中单击"确定"按钮，如图11-44所示。

图 11-44　将普通表格转化为超级表

当普通表格转化为超级表后，表头会自带筛选器按钮，可以方便地完成数据筛选操作，如图 11-45 所示；通过系统提供的表格样式可以快速对表格外观进行美化设置，如图 11-46 所示。

图 11-45　便捷的数据筛选器

图 11-46　格式化表格效果

超级表还可以自动识别表头并冻结表头，使得用户滚动数据时，始终能够看到对应的表头。

此外，在"表格工具 设计"选项卡中选中"汇总行"复选框还可以在表格最后一条记录下方添加汇总行，并且汇总行的每个单元格都有一个下拉按钮，单击该按钮弹出一个下拉菜单，里面有平均值、计数、数值计数、最大值、最小值和求和等汇总方式，可以帮助我们快速完成相应的运算，如图 11-47 所示。

图 11-47　冻结首行与超级计算功能

11.3　高效办公，运用快捷键事半功倍

想要提高工作效率，除了掌握一些技巧操作以外，熟练使用快捷键也能大幅提升我们的工作效率，下面就来具体看看在 Word 和 Excel 中有哪些较常见的快捷键，见表 11-1~ 表 11-3。

表 11-1　Word/Excel 通用快捷键

快捷键	作　用
Ctrl+W	关闭文档 / 工作簿
Ctrl+O	打开文档 / 工作簿
F12	显示"另存为"对话框
Ctrl+B	加粗
Ctrl+I	倾斜
Ctrl+H	打开"查找和替换"对话框
Ctrl+F1	展开或折叠功能区
Ctrl+F10	将文档 / 工作簿窗口最大化
Ctrl+K	插入超链接
Ctrl+P	打印文档

表 11-2　Word 常用快捷键

快捷键	作　用
Ctrl+[	将字号减小 1 磅
Ctrl+]	将字号增大 1 磅
Ctrl+ 等号 (=)	应用下标格式（自动间距）
Ctrl+Shift+ 加号 (+)	应用上标格式（自动间距）
Ctrl+E	文本居中对齐
Ctrl+L	文本左对齐
Ctrl+R	文本右对齐
Ctrl+Shift+C	从文本复制格式
Ctrl+Shift+V	将已复制格式应用于文本
Ctrl+D	打开"字体"对话框更改字符格式

续表

快捷键	作　用
Shift+F3	更改字母大小写
Ctrl+ 向上键	上移一段
Ctrl+ 向下键	下移一段
Ctrl+End	移至文档结尾
Ctrl+Home	移至文档开头
Ctrl+G	定位至页、书签、脚注、表格、注释、图形或其他位置
Ctrl+F	在"导航"任务窗格中打开搜索框
Shift+F5	移至前一处修订
Alt+F7	查找下一个拼写错误或语法错误
Alt+Ctrl+F	插入脚注
Alt+Ctrl+D	插入尾注
Ctrl+Tab	插入制表符

表 11-3　Excel 常用快捷键

快捷键	作　用
Alt+Shift+F1	插入新的工作表
Ctrl+9	隐藏选定的行
Ctrl+0	隐藏选定的列
Ctrl+End	移到使用单元格区域的最后一个单元格
Ctrl+Home	移到工作表的开头
Alt+Enter	在同一单元格中强制换行
Ctrl+1	打开"设置单元格格式"对话框
Ctrl+Shift+ 美元符号（$）	应用带有两位小数的"货币"格式

续表

快捷键	作　　用
Ctrl+Shift+ 百分号（％）	应用不带小数位的"百分比"格式
Ctrl+D	使用"向下填充"命令将选定范围内最顶层单元格的内容和格式复制到下面的单元格中
Ctrl+Shift+ 加号 （＋）	打开用于插入空白单元格的"插入"对话框
Ctrl+ 减号 （－）	打开用于删除选定单元格的"删除"对话框
Ctrl+Alt+V	打开"选择性粘贴"对话框
F5	显示"定位"对话框
Ctrl+Shift+ 冒号（：）	输入当前时间
Ctrl+ 分号（；）	输入当前日期
Shift+F2	添加或编辑单元格批注
Alt+ 等号（＝）	用 SUM() 函数插入"自动求和"公式
Shift+F3	插入函数
Ctrl+ 重音符（`）	在工作表中，在显示单元格值或公式之间切换
Alt+F1	在当前范围中创建数据的嵌入图表